Jüdische Intellektuelle in Deutschland

Edition Pandora

Herausgegeben von
Helga und Ulrich Raulff

George L. Mosse

Jüdische Intellektuelle in Deutschland

Zwischen Religion und Nationalismus

Mit einer Einleitung von Aleida Assmann
Aus dem Englischen von Christiane Spelsberg

Ute von Hermann
Juni 2000

Campus Verlag
Frankfurt/New York

Die amerikanische Originalausgabe *German Jews Beyond Judaism*
erschien 1985 bei Indiana University Press, Bloomington,
und Hebrew Union College Press, Cincinnati.

Die Deutsche Bibliothek – CIP-Einheitsaufnahme

Mosse, George L.:
Jüdische Intellektuelle in Deutschland : zwischen Religion und
Nationalsozialismus / George L. Mosse. Aus dem Engl. von
Christiane Spelsberg. Mit einem Vorw. von Aleida Assmann. –
Frankfurt/Main ; New York : Campus Verlag, 1992
(Edition Pandora)
Einheitssacht.: German jews beyond judaism ⟨dt.⟩
ISBN 3-593-34627-3

Umschlaggestaltung: Atelier Warminski, Büdingen
Satz: Typo Forum Gröger, Singhofen
Druck und Bindung: Druckhaus Beltz, Hemsbach
Printed in Germany

Inhalt

Einleitung zur deutschen Ausgabe

Aleida Assmann

1. Assimilation durch Bildung

Was hier mit »Assimilation durch Bildung« gemeint ist, soll an zwei konkreten Beispielen veranschaulicht werden, einem aus der Perspektive der Deutschen und einem aus der der Juden.

Am 30. Dezember 1894 ist Fontane 75 Jahre alt geworden. Über diesen Tag hat er das folgende Gedicht geschrieben:

Hundert Briefe sind angekommen,
Ich war vor Freude wie benommen,
Nur etwas verwundert über die Namen
Und über die Plätze, woher sie kamen.

Ich dachte, von Eitelkeit eingesungen:
Du bist der Mann der »Wanderungen«.
Du bist der Mann der märk'schen Gedichte.
Du bist der Mann der märk'schen Geschichte.
Du bist der Mann des Alten Fritzen
Und derer, die mit ihm bei Tafel sitzen,
Einige plaudernd, andre stumm,
Erst in Sanssouci, dann in Elysium;
Du bist der Mann der Jagow und Lochow,
Der Stechow und Bredow, die Quitzow und Rochow,
Du kanntest keine größeren Meriten,
Als die von Schwerin und vom alten Zieten,

Du fandst in der Welt nichts so zu rühmen
Als Oppen und Groeben und Kracht und Thümen:
An der Schlachten und meiner Begeisterung Spitze
Marschierten die Pfuels und Itzenplitze,
Marschierten aus Uckermark, Havelland, Barmin,
Die Ribbecks und Kattes, die Bülow und Arnim,
Marschierten die Treskows und Schlieffen und Schlieben –
Und über alle hab ich geschrieben.

Aber die zum Jubeltag kamen,
Das waren doch sehr, sehr andre Namen,
Auch »sans peur et reproche«, ohne Furcht und Tadel,
Aber fast schon von prähistorischem Adel:
Die auf »berg« und »heim« sind gar nicht zu fassen.
Sie stürmen ein in ganzen Massen,
Meyers kommen in Batallionen,
Auch Pollacks und die noch östlicher wohnen;
Abram, Isack, Israel,
Alle Patriarchen sind zur Stell.
Stellen mich freundlich an ihre Spitze,
Was sollen mir da noch die Itzenplitze!
Jedem bin ich was gewesen,
Alle haben sie mich gelesen,
Alle kannten mich lange schon
Und das ist die Hauptsache ... »kommen Sie, Cohn«.[1]

Fontane, der in seinem Lebenswerk die ruhmreichen Taten der alten märkischen und preußischen Adelsgeschlechter besungen und ihre illustren Namen verewigt hat, muß am Ende seines Lebens eine Entdeckung machen, die ihn nicht wenig überrascht und auch ein wenig kränkt: Die, die er literarisch unsterblich gemacht hat, sind nicht deshalb schon seine Leser. Diese kommen aus ganz anderen Reihen, und zwar ausschließlich aus dem

1 Theodor Fontane, Werke in drei Bänden, hg. v. Kurt Schreinert, München 1968, Bd. I, S. 785 f.

jüdischen Bildungsbürgertum. Und so muß Fontane eine eigentümliche Umkehrung feststellen: so, wie er die alten Adelsgeschlechter an die Spitze stellte, so stellt ihn jetzt das jüdische Lesepublikum an seine Spitze. Er ist, und das läßt er sich dann auch gefallen, zu einer Galionsfigur derer geworden, die sich im Medium der Bildung assimilieren.

Sehen wir uns diesen Vorgang einmal von der anderen Seite an. Auch dafür gibt es ein Zeugnis, das von einer geradezu emblematischen Strahlkraft ist. Es handelt sich um ein Stück autobiographischer Prosa, in dem der russische Dichter Ossip Mandelstam den Bücherschrank seines Vater beschrieben hat. Es ist ein kleiner Bücherschrank mit Glastüren und grünen Taftvorhängen. Darin befand sich eine seltsame kleine Bibliothek. Diese »hatte sich im Lauf der Jahrzehnte gleich einer geologischen Schicht und nicht zufällig abgelagert. (...) An dem Längsschnitt des kleinen Schrankes konnte man die Geschichte der geistigen Bemühungen eines ganzes Geschlechts und des ihm aufgepfropften fremden Blutes ablesen.

Das unterste Brett sehe ich als Chaos vor mir: die Bücher standen nicht Rücken neben Rücken, sondern lagen da wie Ruinen – rötliche Pentateuche mit zerrissenen Einbänden, eine Geschichte der Juden, in der unbeholfenen, zaghaften Sprache eines russisch sprechenden Talmudisten geschrieben. Dies war das in Staub gesunkene jüdische Chaos. (...)

Über den jüdischen Ruinen begann eine geschlossene Bücherfront. Das waren die Deutschen – Schiller, Goethe, Körner und Shakespeare in deutscher Übersetzung, alte, in Leipzig und Tübingen erschienene Ausgaben, klein und gedrungen, in bordeauxroten, geprägten Einbänden (...). Das waren die Bücher meines Vaters, der sich als Autodidakt aus dem Talmuddickicht in die germanische Welt durchgeschlagen hatte«.[2]

Die bordeauxroten Klassiker mit den geprägten Einbänden erschienen zum ersten Mal 1867, dem sogenannten »Klassiker-

2 Ossip Mandelstam, *Die ägyptische Briefmarke* (Bibliothek Suhrkamp 94), Frankfurt 1988, S. 69f.

jahr«, als eine 30 Jahre währende Urheber-Schutzfrist abgelaufen war, die man 1837 für alle Autoren erlassen hatte. Die Parole *Bildung macht frei* war vom Verlagsmonopol der Cotta'schen Verlagsbuchhandlung in Stuttgart und in wohlfeilen Massenausgaben popularisiert worden.[3] Die Klassiker wurden zu einem hervorragenden Akkulturationsmedium. Diejenigen, die bestrebt waren, ihre Herkunftswelten hinter sich zu lassen (die »jüdischen Ruinen«, wie Mandelstam sich ausdrückt), waren empfänglich für dieses kompakte Angebot deutscher Bildung.

2. Der neue Mensch und die neue Kultur

Assimilation durch Bildung – von der einen Seite wird dieses Phänomen leger mit einem weinenden und einem lachenden Auge wahrgenommen, von der anderen geht es um todernste Entscheidungen, um Traditionsbruch und das Wagnis einer neuen Lebensform. Assimilation durch Bildung ist ein Versprechen, das die Aufklärung erfunden hat. Es hängt zusammen mit einem neuen Menschenbild, das den einzelnen von allen determinierenden Faktoren wie Familie, Stand, Land, Staat, Religion, Tradition ablöst und zum Schöpfer seiner selbst, zum Bildner seiner eigenen Identität macht. Der Bürger, wie ihn die Aufklärung definierte, entsprach diesem Typus des neuen Menschen. Als »bürgerlich« bezeichnet der Historiker Rudolf Vierhaus ein Denken, »das sich auf eine Gesellschaft rechtlich gleichgestellter Bürger bezog, und eine Welt- und Lebensanschauung, die sich von der altständischen prinzipiell unterschied«. Den »Bürger« nennt Vierhaus den »ersten, menschheitlich gemeinten Sozialtypus«.[4]

---

3 Zur Revolutionierung des Buchmarktes im 19. Jahrhundert Wolfgang Frühwald, »Büchmann und die Folgen. Zur sozialen Funktion des Bildungszitates in der deutschen Literatur des 19. Jahrhunderts«, in: R. Koselleck, Hg., *Bildungsbürgertum im 19. Jahrhundert; Teil II: Bildungsgüter und Bildungswissen*, Stuttgart 1990, S. 200f.

4 R. Vierhaus, »Kultur und Gesellschaft im achtzehnten Jahrhundert«, in: B. Fabian/W. Schmidt-Biggemann, Hg., *Das achtzehnte Jahrhundert als Epoche*, Nendeln 1978, S. 84.

Der neue Mensch war zugleich der Typus des modernen Menschen, der in der Lage ist, sich den tiefgreifenden Modernisierungsschüben, wie sie das 19. Jahrhundert hervorbrachte, flexibel anzupassen. Assimilation in diesem Zusammenhang bedeutet also zweierlei: Anpassung an die hegemoniale Kultur und Anpassung an die Erfordernisse der soziokulturellen Evolution und technischen Modernisierung der Lebenswelt. Die Kultur, so betont der Soziologe Friedrich Tenbruck, ist seit der Aufklärung in einen völlig neuen Zustand getreten. Sie hat die festen Gestalten und bindenden Normen der Tradition hinter sich gelassen und ist zu einem autonomen Prozeß geworden, »in dem sie sich selbst erst laufend hervorbringt und hierdurch ständig erweitert und verändert«.[5] Er spricht von »kultureller Vergesellschaftung« und meint damit die im Medienzeitalter möglich gewordene allgemeine Teilhabe an der Kultur. Diese Kultur beschreibt er einerseits als das Ideal einer »Einladung an alle«, andererseits als eine notwendige und zwingende Entwicklung, in die man sich, ob man es nun will oder nicht, notgedrungen gestellt sieht.

3. Juden als Deutsche

Wovon bei Tenbruck nicht die Rede ist, davon handelt der vorliegende Band: von der Tragödie der deutschen Kultur. Es ist die Geschichte, die erzählt, wie der Prozeß kultureller Vergesellschaftung abrupt unterbrochen und aus einer »Einladung an alle« ein exklusives, durch die Rechte des Bluts definiertes Privileg wurde. Der Begriff des Bürgers und Bürgerlichen, der am Ende des 18. Jahrhunderts auf Universalität angelegt war, hatte am Beginn des 20. Jahrhundertes eine radikale Umdeutung erfahren. »Denn das Deutsche und das Bürgerliche, das ist Eins«, schrieb Thomas Mann in seinen problematischen

5 Friedrich Tenbruck, »Bürgerliche Kultur«, in: *Kultur und Gesellschaft. Sonderheft der Kölner Zeitschrift für Soziologie und Sozialpsychologie* 27 (1986), S. 264.

»Betrachtungen eines Unpolitischen«. Deutschtum und Judentum ist das Thema eines ideologischen Diskurses mit einem begrenzten Vorrat an Topoi und rhetorischen Floskeln. Die Invektiven und ihre stereotypen Formeln vom vaterlandslosen Judentum, das das nationale Selbstgefühl der Deutschen zersetzt, vom jüdischen Hang zum Internationalismus als Inbegriff vaterlandsloser Frivolität sind hinreichend bekannt. Es ist auch bekannt, daß die Debatte über Deutschtum und Judentum nicht nur von antisemitischen, sondern auch von philogermanischen Impulsen getragen war. Hermann Cohen ist ein Beispiel dafür, wie die doppelte, deutsch-jüdische Loyalität in einem potenzierten Erwählungsbewußtsein begründet werden konnte.[6]

George Mosse handelt nicht von diesem Diskurs. Er schreibt nicht über Judentum und Deutschtum, sondern über Juden und Deutsche, genauer: über Juden als Deutsche. Er interessiert sich für die geistige Welt, die Karrieren und die Lebenswege jener Menschen, die unter diesen Umständen in der verzweiflungsvollen und schließlich lebensbedrohenden Doppelexistenz leben und sterben mußten. Die Rede ist von denen, die unbeirrt und zum Teil nicht ganz ohne Weltfremdheit am aufklärerischen Menschenbild des gleichberechtigten, allseitig unbestimmten sich selbst bildenden Individuums festhielten. Sie waren, das ist das verborgene Pathos in Mosses ansonsten denkbar unpathetischem Buch, die eigentlichen Träger der Bildung in einer Zeit, die sich von der ursprünglichen Bestimmung dieses Begriffs weit entfernt hatte, so weit, daß er in sein direktes Gegenteil, in eine uniforme Kollektiv-Norm und ein Instrument der Ausgrenzung des Anderen verkehrt wurde. Ihnen hat er ein Denkmal gesetzt.

Es geht hier um diejenigen, die den aufklärerisch humanistischen Bildungsbegriff mitgestaltet und Wesentliches zu seiner Durchsetzung und Popularisierung beigetragen haben. Es ist schier unfaßlich, daß Mosses Buch, das jetzt in einer deutschen

6 Vgl. Karl Löwith, »Philosophie der Vernunft und Religion der Offenbarung in H. Cohens Religionsphilosophie«, in: Ders., *Aufsätze und Vorträge 1930–1970*, Stuttgart 1972.

Übersetzung erscheint, hier Pionierarbeit leistet. Und es ist beschämend, festzustellen, daß die nationalistischen und antisemitischen Vorurteile, auch nachdem sie nicht mehr geteilt werden, noch nachwirkend an der Verzögerung dieser historischen Erinnerungsarbeit beteiligt sind. Die fundamentale Tatsache, so K. R. Mandelkow, ist bis zum heutigen Tag in Vergessenheit geraten, »daß der Klassik-Kult und die bildungsbürgerliche Goethe- und Schiller-Verehrung wesentlich von den deutschen Juden mitbegründet und mitgetragen worden ist«. Und er fügt hinzu: »Bis heute fehlt eine für die Bildungsgeschichte der Deutschen so wichtige Darstellung dieses Verhältnisses«.[7]

Mosses eminent lesbares Buch trägt dazu bei, dieses notorisch unterbelichtete Kapitel deutscher Bildungsgeschichte aufzuhellen.

4. Das verweigerte Gespräch

Die Bedeutung des Buches besteht für mich jedoch nicht darin, daß es eine Lücke in der Forschung schließt. Solche Lücken werden früher oder später geschlossen. Ich sehe seine Bedeutung darin, daß es das heutige Erinnern und Denken an einem Punkt bewegt, der gewissermaßen anästhesiert ist. Ich beziehe mich auf einen Brief von Gershom Scholem vom 18. Dezember 1962. In diesem Brief hat er der gesamten Thematik von Deutschtum und Judentum den Garaus gemacht. Hinter diesen Stand der Analyse kann, darf man nicht mehr zurückfallen. Worum geht es in dem besagten Brief? Scholem war gebeten worden, an einer Festschrift mitzuarbeiten, die, wie es in der Einladung hieß, »auch als

7 K. R. Mandelkow, »Die bürgerliche Bildung in der Rezeptionsgeschichte der deutschen Klassik«, in: R. Koselleck, Hg., *Bildungsbürgertum* (wie Anm. 3), S. 192f. Mandelkow weist auf die Arbeit von W. Barner hin: »Jüdische Goethe-Verehrung vor 1933« in dem Sammelband *Juden in der deutschen Literatur. Ein deutsch-israelisches Symposium*, hg. von Stéphane Moses und Albrecht Schöne (suhrkamp taschenbuch 2063), Frankfurt 1986.

Dokument eines im Kern unzerstörbaren deutsch-jüdischen Gespräches« gemeint war.[8] Diese Formel bezeichnet Scholem in seinem Brief als Blasphemie. Er besteht darauf, daß »das Ganze jenes gespenstischen deutsch-jüdischen Gespräches« sich in einem »leeren Raume des Fiktiven abspielte«. Scholem, der selbst aus einem assimilierten Hause stammte, gehört zu der Generation von Zionisten, die in ihrer Jugend der Illusion eines Deutsch-Judentums den Rücken kehrten. Sein Schlußwort lautet: »Die angeblich unzerstörbare geistige Gemeinsamkeit des deutschen Wesens mit dem jüdischen Wesen hat, solange diese beiden Weisen realiter miteinander gewohnt haben, immer nur vom Chorus der jüdischen Stimmen her bestanden und war, auf der Ebene historischer Realität, niemals etwas anderes als eine Fiktion, eine Fiktion, von der Sie mir erlauben werden zu sagen daß sie zu hoch bezahlt worden ist.«

Dieses Machtwort ist unantastbar. Es hat die ganze kompensatorische Pracht rhetorischer Blüten mit einem Schlage vereist. Die Dinge liegen klar genug: mit den Toten ist kein Gespräch mehr möglich.

In Scholems Brief wird die Losung aus den Emanzipationskämpfen zitiert: »Den Juden als Individuen alles, den Juden als Volk (und Scholem setzt hinzu: »das heißt, als Juden«) nichts.« Diese Formel ist dem Zionisten ein Dorn im Auge. Es ist die Losung der Assimilation; Assimilation aber ist Verleugnung des Judentums. Im Unterschied zu Mosse interessiert sich Scholem weniger für das, was die Juden der deutschen Bildungsgeschichte *zu geben* hatten, als für das, was sie zugunsten dieser Bildung *aufzugeben* hatten.

Assimilation ist in Scholems Sicht das Ende das Judentums. Über dieses Ende verhängt er Schweigen. Damit ist aber auch ein

8 Gershom Scholem, »Wider den Mythos vom deutsch-jüdischen Gespräch«, in: Bulletin des Leo Baeck Instituts 27 (1964), S. 278–281. In meinem Exemplar dieses Sonderdrucks steht die Widmung einer befreundeten Emigrantin, die mit den Worten schließt: »Was in Zukunft werden mag, sei dahingestellt, aber daß die Vergangenheit so war, wie Scholem sie darstellte, scheint mir die reine Wahrheit.«

ganzes Kapitel jüdischer Geistesgeschichte ausradiert, denn die durchaus freiwillige Aufgabe des Judentums gehört mit zur Geschichte der Juden. Mosse schreibt dieses Kapitel jüdischer Geschichte; sein Buch heißt in der englischen Originalausgabe: *German Jews Beyond Judaism*, Deutsche Juden jenseits des Judentums. Dieses Buch ist an dem unseligen Diskurs über Deutschtum und Judentum unbeirrt vorbeigeschrieben. Ihn interessiert das »deutsche Wesen« ebensowenig wie das »jüdische Wesen«. Ihn interessieren, um es noch einmal zu sagen, die Juden, und zwar die deutschen Juden. Das Buch ist jedoch keineswegs vorbeigeschrieben an der historischen Katastrophe, die in vielen Einzelschicksalen des 19. und 20. Jahrhunderts exemplarisch konkret wird. Das Buch erzählt von Individuen, ihren Hoffnungen und Illusionen, ihren Idealen und ihrer Verzweiflung. Es holt eine ganze Galerie von Namen, Werken und Schicksalen aus der Versenkung hervor. Es ist richtig, daß *mit Toten kein Gespräch mehr möglich ist*. Um so entscheidender aber ist, daß man sich ihrer erinnert. Für diese Erinnerungshilfe ist George L. Mosse zu danken.

Die Katastrophe in der deutschen Bildungs-Geschichte wird nur in Einzelschicksalen in Andeutung sichtbar. Deshalb möchte ich eine solche Erinnerung hier anfügen.[9] Es ist die Geschichte einer 80-jährigen deutschen Jüdin, die in einer deutschen Stadt ihren Deportationsbefehl erhielt. Diesem mußte sie nicht mehr folgen, weil es ihrem Enkel, einem Chemiestudenten, gelang, ihr die erforderliche Dosis Veronal zu beschaffen. Er ist dann auch Zeuge ihrer letzten Lebensstunden gewesen, die sie im Umgang mit den Klassikern verbrachte. Er berichtet von einem reichen Schatz auswendig rezitierter Dichtung, zu dem insbesondere der Thekla-Monolog aus dem Wallenstein gehörte. Mit diesen Versen nahm sie Abschied; sie waren ihr letzter Halt vor dem Freitod. Es scheint, als wären wirklich diese Juden die letzten Hüter des deutschen Bildungsideals gewesen.

---

9 Diese Details stammen aus einem Vortrag von H. Quit, »Der Suizid im deutschen Judentum 1938–1945«, gehalten an der Hochschule für Jüdische Studien in Heidelberg, Sommersemester 1989.

Vorwort

Was als Efroymson-Vorlesung am Hebrew Union College in Cincinnati, Ohio, begann, ist nun zu einem Buch geworden. Als man mich einlud, diese Vorlesungen zu halten, boten sie mir vor allem eine willkommene Gelegenheit, ein kulturgeschichtliches Erbe zu untersuchen, das mich seit geraumer Zeit sowohl faszinierte als auch vor ein Rätsel stellte. Bereits in den sechziger Jahren hatten mich Studenten an der University of Wisconsin auf die aktuelle Anziehungskraft dieses Erbes hingewiesen; in den Kursen für europäische Kulturgeschichte drängten sich junge Menschen auf der Suche nach einem neuen Selbstverständnis. Für viele stellten die in diesem Buch erörterten Gedanken eine Offenbarung dar, weil sie Denkanstöße boten, mit denen ihre eigene amerikanische Tradition irgendwie nicht dienen konnte. In Deutschland selbst habe ich in jüngerer Zeit ähnliche Erfahrungen gemacht. Ein Teil des deutschen Gedankenguts, dem die meisten deutsch-jüdischen Intellektuellen ihre Identität zu verdanken hatten, war dort zwar bekannt, sein jüdischer Hintergrund jedoch so gut wie vergessen.

Das Buch dient der Einführung in ein nach wie vor relevantes deutsch-jüdisches Selbstverständnis. Im folgenden wird ferner gezeigt, wie die deutsche Kultur im Zeitalter der jüdischen Emanzipation zunächst eine deutsch-jüdische Identität lieferte und wie diese in der Folge jenen Männern und Frauen zur Inspiration wurde, die sich um eine Humanisierung ihrer Gesellschaft und ihres Lebens bemühten. Das Buch beschreibt auch, wie intellektuelle, wortgewandte Juden allmählich noch vor der Machtübernahme der Nationalsozialisten aus der Hauptströmung deutscher Kultur und Politik in eine intellektuelle Isolation getrieben wurden. Diese Isolation wäre vielleicht ohne Folgen geblieben, hätte die politische Rechte in Deutschland sie nicht genutzt. Das vorliegende Buch läßt sich zudem als Studie des deutschen Bildungsbürgertums lesen – jener gesellschaftlichen Gruppe, der so viele deutsche Juden angehörten und in der sie eine umstrittene Rolle spielten.

Ich möchte an dieser Stelle meiner Dankbarkeit gegenüber dem verstorbenen Uriel Tal Ausdruck geben, mit dem ich im Laufe der Jahre viele Gespräche zu diesem Thema führen konnte. David Sorkins Darstellung des Bildungsbegriffs hat meine eigene Analyse dieses wichtigen Begriffs nachhaltig beeinflußt. Der Bibliotheksbestand zur Geschichte der deutschen Juden an der National and Hebrew University Library in Jerusalem erwies sich als unerschöpflich, und es war ebenso notwendig wie angenehm, die Bibliotheken des Leo Baeck Institute in New York und in Jerusalem zu Rate zu ziehen. Ohne die Freundschaft und den Ansporn von Paul Breines wäre dieses Buch nicht entstanden.

I

Eine kulturelle Emanzipation

Den deutsch-jüdischen Dialog erneut zu erörtern, kann im besten Falle als überflüssig erscheinen, als der Versuch, eine Geschichte heraufzubeschwören, die wohl zum Scheitern verurteilt war. Während einige behaupten, der Dialog habe nie stattgefunden, und andere der Ansicht sind, den Juden habe ein großer Freiraum zur »Eindeutschung« offengestanden, entgeht wohl beiden der wichtigste Aspekt dieses Dialogs. Er wurde nämlich in nie dagewesener Weise ein Bestandteil der europäischen Geistestradition, und zwar trotz seines vermeintlichen Scheiterns nach der Machtübernahme der Nazis. So bestimmte der deutsch-jüdische Dialog maßgeblich die Kultur der Weimarer Republik und damit die gegenseitige Beeinflussung von Juden und Deutschen auf der Ebene von Kunst und Literatur.

Zwanzig Jahre nach dem Zusammenbruch des Dritten Reichs kehrten Studenten der westlichen Welt zu jener damals aufgenommenen Suche nach einer besseren Gesellschaft zurück, der möglichen Alternative zu Verhältnissen, die das Individuum beengten. Zwar betraf der Dialog nicht alle deutschen Juden gleichermaßen – die Städter mehr als die Landbevölkerung, die gebildete Minderheit mehr als die ungebildete Mehrheit –, doch waren die meisten in irgendeiner Weise von dem diesem Dialog innewohnenden Bildungsideal und dem liberalen Gesellschafts- und Politikverständnis berührt. Er entsprach dem Bedürfnis, die Kluft zwischen ihrer eigenen Geschichte und der deutschen Tradition zu überbrücken, also das Gemeinsame, nicht das Trennende zwischen Völkern und Nationen zu betonen. Der deutsch-jüdische Dialog, um den es uns hier geht, schuf nicht nur ein unverwechselbares kulturgeschichtliches Erbe für die Juden selbst und für Intellektuelle in ganz Europa. Er entwikkelte sich darüber hinaus zu einem Bestandteil des deutsch-jüdischen Selbstverständnisses, da er in fast alle Bereiche des deutsch-jüdischen Lebens eindrang.

Die Juden bildeten lediglich eine kleine Minderheit in Deutschland und machten zu keiner Zeit mehr als ein Prozent der Gesamtbevölkerung aus. Während Deutschland zwischen 1871 und 1933 von 41 Millionen auf ungefähr 65 Millionen Menschen anwuchs, schwankte die jüdische Bevölkerung zwischen 500000 und 600000.[1] Diese winzige Minderheit begann also einen Dialog mit der Mehrheit. Nun läßt der Begriff »Dialog« auf ein Gespräch zwischen Gleichgestellten schließen, und zeitweise war der deutsch-jüdische Dialog dies auch. Ich möchte »Dialog« jedoch lieber als eine gegenseitige Beeinflussung auf unterschiedlichen intellektuellen Ebenen definieren, nicht unbedingt gleichrangig (was ich in diesem Zusammenhang für irrelevant und schwierig zu definieren halte), wohl jedoch ohne eine Identitätseinbuße auf der einen oder der anderen Seite. Die Tatsache, daß im Zuge der jüdischen Emanzipation und Assimilation eine Neudefinition der jüdischen Identität notwendig wurde, bedeutete keineswegs eine Ablehnung jener Identität, wie in der Rückschau oft behauptet wird; deutsche Juden waren sich ihrer jüdischen Herkunft zumeist vollauf bewußt. Wie ein 1930 in der »C.-V. Zeitung« des Central-Vereins deutscher Staatsbürger jüdischen Glaubens erschienener Artikel es ausdrückte, galt es die »Idee vom Werte des Menschen« im Auge zu behalten, um im selben Augenblick die »gleiche glühende Liebe zur deutschen Kultur wie zu einer jüdischen Eigenart« zu empfinden.[2]

Worin also bestanden das Wesen dieses Dialogs und der Grund für die große Anziehungskraft, die er auf das deutsche Judentum und später auf andere ausübte, die lange nach seiner Beendigung lebten? Die Antwort auf diese Frage, so wie ich sie hier zu geben versuche, liegt jenseits spezifisch Jüdischem bzw.

spezifisch Deutschem; sie liegt in der Suche nach einem persönlichen Selbstverständnis jenseits von Religion und Nationalität. Ich möchte zunächst untersuchen, warum bedeutende und gebildete deutsche Juden sich in wechselseitiger Beeinflussung durch ihr deutsches Umfeld auf die Suche nach einer solchen Identität begaben – und warum sie, als sie sich an ihrem Ziel angekommen glaubten, bis zum bitteren Ende an dieser Identität festhielten. Dann möchte ich einige wichtige Variationen zum Thema anfügen – z. B. die Bemühungen der deutschen Juden um eine Einbindung in das deutsche Volk und in die deutsche Massenkultur, der neue geisteswissenschaftliche Ansatz, der sich aus dieser Suche ergab und schließlich die Merkmale der ganz eigenen linken Identität, die sich ebenfalls entwickelte, wenn auch der Liberalismus nach wie vor die politische Heimat der meisten Juden bezeichnete.

Der zeitliche Ablauf der deutsch-jüdischen Emanzipation war bestimmend für die Definition des jüdischen Identitätsbegriffs. Die Juden gewannen ihre Emanzipation im ersten Jahrzehnt des neunzehnten Jahrhunderts und damit im Herbst der deutschen Aufklärung. Letzterer verdanken sie ihren Optimismus, ein gewisses Maß an Vertrauen zu sich selbst und in die Menschheit. Die Zeitschrift »Sulamith«, deren Gründung den Prozeß der jüdischen Emanzipation befördern sollte, schrieb im Jahre 1811: »Das Volk Abrahams arbeitet sich, mit unzähligen Hindernissen kämpfend, immer mehr zur Menschheit empor«.[3] Das Leitmotiv des Liberalismus und später des Sozialismus – aus dem Dunkel ins Licht – war tief im deutschen Judentum verwurzelt. Doch wenn die Aufklärung die jüdische Emanzipation ermöglichte, ihr Glauben und ein Ziel verlieh, so förderte sie auch ein Bildungsideal, das entscheidend für die Geschichte der deutschen Juden sein sollte.

Die jüdische Emanzipation fiel mit einer Epoche in der deutschen Geschichte zusammen, in der sich die sogenannte »Hochkultur« zu einem wesentlichen Bestandteil sowohl des deutschen Selbstverständnisses als auch der Aufklärung entwickelte. Der Bildungsbegriff schloß ja neben dem Aspekt der Wissensanhäufung auch charakterliche und sittliche Erziehung mit ein.[4] Der Mensch muß wie eine Pflanze der Entfaltung seiner Persönlichkeit entgegenwachsen, wie Herder es ausdrückte, bis er ein harmonisches, autonomes Individuum wird, ein beispielhaftes Modell für die anhaltende Suche nach Wissen und die Verkörperung des moralischen Imperativs.[5] In »Wilhelm Meisters Lehrjahre« (1795–96) faßte Goethe dieses Ideal in einem einzigen Satz zusammen: »mich selbst, ganz wie ich da bin, auszubilden«.[6] Eine derartige Ausbildung bedeutete einen inneren Entwicklungsprozeß, durch den die angelegten Fähigkeiten des einzelnen entwickelt und verwirklicht wurden.[7]

Der Begriff »innerer Entwicklungsprozeß« im Zusammenhang mit dem Erwerb von Bildung bezog sich nicht etwa auf instinktive Vorlieben oder emotionale Neigungen, sondern auf die Ausbildung von Vernunft und ästhetischem Geschmack; sein Zweck bestand darin, den einzelnen vom Aberglauben weg in die Aufklärung zu führen. Bildung und Aufklärung taten sich während der jüdischen Emanzipation zusammen und ergänzten einander auf natürliche Weise. Außerdem stellte die Bildung einen anhaltenden Prozeß dar, der zu Lebzeiten eines Menschen keineswegs abgeschlossen war. Deshalb betrachteten sich jene, die diesem Ideal anhingen, als Teil eines Prozesses und nicht als »fertige Erziehungsprodukte«. Und daraus wiederum ergab sich natürlich ein Ideal, das für die jüdische Assimilation wie maßgeschneidert war, transzendierte es doch alle nationalen und religiösen Unterschiede durch die Entfaltung der individuellen Persönlichkeit.

Herder hatte den Bildungsbegriff bereits als ein Mittel zur Überwindung der Ungleichheit zwischen den Menschen ins Auge gefaßt. Er versuchte die Unterschiede zwischen Bürgertum und Aristokratie dadurch auszugleichen, daß er den Adel mit einem Ideal konfrontierte, das seinen Dünkel zum Schrumpfen bringen mußte.[8] Die zur Abschaffung der Ungleichheit zwischen Bürger und Aristokrat verwendete Strategie mochte auch zur Überwindung der Unterschiede zwischen den deutschen und jüdischen Mittelklassen wirksam eingesetzt werden. Die zentrale Stellung des Bildungsideals im deutsch-jüdischen Bewußtsein kann also nicht genug betont werden, denn dieses Ideal war grundlegend für das jüdische Engagement im Bereich von Liberalismus und Sozialismus und maßgebend für die Suche nach einem neuen jüdischen Selbstverständnis im Anschluß an die Emanzipation. Besonders nach Ende des neunzehnten Jahrhunderts, als die Deutschen selbst den ursprünglichen Bildungsbegriff meist bis zur Unkenntlichkeit verstümmelt hatten, wurde dieser Begriff für die deutschen Juden zum Synonym ihres Judentums.

Berthold Auerbach, den seine jüdischen Zeitgenossen als einen der repräsentativsten deutschen Juden des neunzehnten Jahrhunderts betrachteten, schrieb: »Das alte Religionsleben geht von der Offenbarung, das moderne von der Bildung aus.«[9] Sein Buch »Schrift und Volk« rief dazu auf, Religion als Bildung zu betreiben »innere Befreiung und Erlösung des Menschen, seine wahre Wiedergeburt; nicht in Worten und Bräuchen, sondern in der That, im Charakter, in der Gesammtheit des Lebens, in der Reinigung und Heiligung alles echten menschlichen Wirkens.«[10] Generationen später klagte Rabbi Ignaz Maybaum 1939 aus dem Londoner Exil, daß jemand, der während der Weimarer Republik nicht an die geltenden Gottesbegriffe geglaubt hätte, ehemals dennoch als ein gebildeter Mann gelten konnte, wohingegen ein solcher Mann heute, so schrieb er, nur noch zwischen Barbarei und Glauben wählen könne.[11] Das Judentum war zur letzten Zuflucht in einer Welt geworden, der es immer stärker an Bildung mangelte.

Daß deutsche Juden das Bildungsideal als einen neuen, ihrer deutschen Staatsbürgerschaft entsprechenden Glauben derart rückhaltlos übernahmen, war auch eine Folge ihrer Gesellschaftsstruktur. Im deutschen Judentum gab es zwar eine kleine Oberschicht, die den verschiedenen Ebenen der nichtjüdischen Mittelstände entsprach, doch waren die meisten Juden noch lange Zeit nach ihrer Emanzipation arm (jüdische Bettler waren keineswegs unbekannt), und anderen fehlte eine beständige Einnahmequelle. Vielleicht weil sie weder in einer etablierten Gesellschaftsschicht noch einem Berufszweig fest verankert waren, fiel es den meisten von ihnen leicht, sich die Ideale und Ziele des Bürgertums zu eigen zu machen, dem sie sich durch Emanzipation zugehörig fühlten.[12] Im Gegensatz zum deutschen Mittelstand verfügten die Juden aber weder über organische oder verwandtschaftliche Bindungen zu den unteren Schichten noch über Erfahrung mit dem deutschen Volksglauben oder der deutschen Massenkultur.

So genoß Berthold Auerbach, Autor der volkstümlichen »Schwarzwälder Dorfgeschichten« (1843) eine beispiellose Wertschätzung und Beliebtheit bei jüdischen wie nichtjüdischen Lesern. Auerbach selbst stammte aus einem Dorf, doch bescheinigt er seiner Bauerngesellschaft in »Schrift und Volk« eine durchaus bürgerliche Weltanschauung. Die auf dem Lande Lebenden, belehrt er uns, betrachten das Leben noch nicht bloß als Genuß, sondern auch als eine Pflicht. Tugend und Rechtschaffenheit sind hier noch Werte, und das Nachdenken soll zur Tat führen.[13] Auerbachs Bauern werden der bürgerlichen Gesellschaft assimiliert, indem sie aus ihrer engen provinziellen Weltsicht und religiösen Bigotterie ausbrechen. Denn unabhängig von Schichtenzugehörigkeit und gesellschaftlicher Stellung sei »die Entwicklungsfähigkeit des Menschengeistes ... unbegrenzt und läßt sich nicht in ein Dogma verkapseln«.[14] Allerdings erscheinen nur selten Juden in seinen Dorfgeschichten, und niemals treten sie in der Rolle des Hausierers auf, in der doch Juden vielen Dorfbewohnern begegneten. Die wenigen Juden in seinen Geschichten sind meist Lehrer oder Händler, Randgestalten, die dennoch harmonisch neben den Dörflern existieren.[15] Als der Antisemitismus gerade erstarkte, trug Auerbach sich mit dem Gedanken, eine Geschichte über ein jüdisches Dorf zu verfassen (von denen es in Deutschland immerhin einige gab), doch ließ er dieses Vorhaben ohne Erklärung fallen[16], vielleicht weil solch ein Thema nicht der von ihm angestrebten Überwindung religiöser Unterschiede durch Bildung entsprach.

So wundert es wenig, daß Auerbachs Beliebtheit zugleich mit den ursprünglichen Bildungs- und Aufklärungsidealen langsam schwand; schließlich waren seine »Dorfgeschichten« völlig vergessen. Der Geschmack des Bürgertums wandelte sich, und mit Einbruch des zwanzigsten Jahrhunderts stand ihm der Sinn mehr nach Bauern, die das Ideal der Verwurzelung in einer Nation verkörperten. Jetzt war es Hermann Löns' »Der Werwolf« (1910), der sich die Beliebtheit sicherte, die einst Auerbachs Dorfgeschichten genossen hatten. Hier symbolisierten die Bauern die unter der Oberfläche schwellende Urgewalt des germanischen Wesens, eingesetzt bei der Verteidigung ihres Landes während des Dreißigjährigen Krieges; Grausamkeit wurde als Teil des täglichen Lebens akzeptiert.[17] Löns schuf damit einen deutschen Bauerntyp, der mit Auerbachs Bauernjungen in »Barfüßle« (1856) nichts mehr gemein hatte, der sich alle Rachegedanken gegenüber seinen Peinigern versagt und sein Dorf verläßt, ohne irgendjemandem etwas nachzutragen. Die Verbindung von Bildung und Aufklärung, Kernelemente des Judentums eines Auerbach, die im neunzehnten Jahrhundert noch Achtung genossen, wurden mit Anbruch des zwanzigsten Jahrhunderts weithin verworfen.

Eine Reihe der für die Aufklärung geltenden Grundvoraussetzungen waren ebenfalls für das Bildungsprinzip grundlegend – so die optimistische Einstellung gegenüber den Anlagen der menschlichen Natur und der sittlichen Selbstbestimmung des Menschen, der Glaube, daß erworbenes Wissen den moralischen Imperativ aktivieren werde, und nicht zuletzt die Überzeugung, daß jeder, der bereit sei, seinen Verstand zu benutzen und zu entwickeln, dieses Ideal erreichen könne. »Der Besitz persönlicher höherer Bildung ist der Ritterschlag der Neuzeit«[18], hieß es, und im Gegensatz zur mittelalterlichen Ritterwürde konnten Juden wie Nichtjuden sie erwerben. Wie »Sulamith« es ausdrückte: »Wenn aber von Gleichheit die Rede ist, dann versteht man doch nur die Gleichheit der Anlagen darunter. Leugnen wir diese, so fällt die Gleichheit menschlicher Bestimmung ... von selbst weg«.[19] Damit bestimmte letzten Endes der Bildungsgrad einer Person und nicht ihr religiöser oder nationaler Ursprung das Maß ihrer Gleichheit.

Die Suche nach Harmonie bildete den Ausgangspunkt des

Bildungsprinzips in einem von der Industrialisierung Europas gezeichneten Deutschland, welches die Französische Revolution mit Furcht und Schrecken wahrnahm. Ästhetik wiederum war der Schlußstein dieser Harmonie, in dem sich Intellekt und Moral verbanden. Diese Tatsache mag in unserer Zeit, in der Schönheit relativ geworden ist und Ästhetik entweder als Luxus gilt oder zum Nippes des täglichen Leben trivialisiert worden ist, schwer verständlich sein. Kunst und Moral sind nicht mehr wie einst identisch. Während des ausgehenden achtzehnten und des neunzehnten Jahrhunderts jedoch standen Autoren wie Wilhelm von Humboldt, der den Bildungsbegriff entwickelte, unter dem starken Einfluß der Griechen. Der Schönheitsbegriff des Altertums schien individuellen und gemeinschaftlichen Idealen Form und Richtung zu verleihen. Die Antike lieferte die für die Persönlichkeitsbildung wesentlichen Denk- und Geschmacksvorgaben. Die Ästhetik ging eine Verbindung mit dem Intellekt ein, und beide aktivierten den jedem Menschen innewohnenden moralischen Imperativ.

Dabei wurde das Schöne als das wesentliche Element ästhetischer Bildung nicht etwa romantisch verklärt, sondern mittels des Verstandes begriffen und blieb so prägnant wie die griechische Skulptur selbst. In Übereinstimmung mit dem griechischen Ideal war das Schöne gleichbedeutend mit Harmonie und proportionaler Ausgewogenheit bar aller Übertreibungen und falschen Töne, die seine ruhige Größe hätten stören können. Schönheit sollte dazu dienen, Leidenschaften zu zähmen, nicht diese zu entfesseln; eine Betonung jener Selbstbeherrschung, die der Bürger so hoch schätzte. Das Ideal griechischer Schönheit transzendierte das Alltägliche und Augenblickliche; für Humboldt wie für Goethe und Schiller symbolisierte es das Ideal einer Allgemeinmenschlichkeit, nach der die Bildung zu streben hatte. Diese Schönheit war aufgrund ihrer Strenge und formalen Harmonie moralisch bestimmt, Schiller sah in ihr den Halt, der die Menschheit daran hinderte, sich in »Rohigkeit, Erschlaffung und Verkehrtheit« zu verlieren.[20] Bildung entsprang keineswegs dem Chaos oder dem Experiment, sondern war vielmehr Disziplin und Selbstbeherrschung unterworfen.

Künstlern und Schriftstellern kam eine Schlüsselrolle zu, indem sie den Weg zu wahrer Bildung wiesen. So verstand Goethe seine gesellschaftliche Rolle als die eines Erziehers; ebenso sah sich Schiller in seinem Traktat »Über die ästhetische Erziehung des Menschen« (1795). Einige der wichtigsten deutsch-jüdischen Schriftsteller setzten diese Tradition fort; eben weil sie Schriftsteller waren, fiel ihnen der besondere Auftrag zu, ihre Mitbürger zu bilden. Schließlich wurden sie die Hüter des klassischen Bildungsbegriffs, als gegen Ende des neunzehnten Jahrhunderts in Deutschland verstärkt der Versuch unternommen wurde, diesen Begriff zu nationalisieren und romantisch zu verklären, Schönheit als eine Ersatzreligion anzusehen, die Trost, Versöhnung und Erlösung bot. Schönheit galt als das Wahre, das Gute, das Heilige.[21] Für spätere Generationen in Deutschland befriedigte die Schönheit emotionale Bedürfnisse; eine Stärkung der Vernunft und der Selbstbeherrschung hatte keinen Vorrang mehr.

Das klassische Bildungsprinzip bestimmte das nachemanzipatorische jüdische Selbstverständnis zu einem wesentlichen Teil. »Wen das Gefühl des Schönen soll durchdringen«, mahnte Humboldt, »dem muß aus Sinnenklarheit es entspringen.«[22] Auf der einen Ebene stellte das Bildungsprinzip den Versuch dar, inmitten von gesellschaftlicher und politischer Zerrüttung die Kontrolle zu bewahren. Doch auf einer anderen Ebene spiegelte die Betonung der ästhetischen Komponente auch die zunehmend stärkere visuelle Orientierung wider, die das neunzehnte Jahrhundert vornahm. Die größtenteils analphabetischen Massen wurden so durch die Verwendung von Symbolen – von billigen Bildreproduktionen bis zu Nationaldenkmälern – in das politische und kulturelle Leben integriert. Und hier erwiesen sich die Juden schließlich als die Verlierer, denn nichts war leichter, als ihre Emanzipation durch die Schaffung visueller Klischees anzugreifen. Zunächst aber kam ihnen diese Entwicklung zugute, denn der Bildungsgedanke schien wie auf ihre Bedürfnisse zugeschnitten – jeder konnte Bildung mit der entsprechenden Selbstentwicklung und Wissensanhäufung erreichen. So stellte Goethe die Behauptung auf, der Mensch werde mit einem angeborenen Drang zur Bildung geboren. Die Bildung erleichterte es den Juden, »Europa zu umarmen«, wie »Sulamith« es ausdrückte.[23] Der Rabbiner Gotthold Salomon pries im Jahre 1837 in Hamburg König David als einen Mann von Bildung und schloß, ohne Selbstbeherrschung sei menschliche Größe oder Tugend nicht möglich. Noch typischer war vielleicht die strenge Unterscheidung, die Ludwig Philippson im »Israelischen Predigt- und Schul-Magazin« 1834 zwischen der zeremoniellen Kultur der Juden des Altertums und dem modernen Bildungsprinzip traf.[24]

Im Gegensatz zu den Massen strebten die Juden nach Bildung, um eine Integration in die deutsche Gesellschaft zu erzielen. Die Juden und die deutschen Massen traten ungefähr zur selben Zeit auf den Plan des gesellschaftlichen und politischen Lebens, doch neigten die Juden dazu, die Welt der Mythen und Symbole, die Welt der vernunftwidrigen Gefühle zurückzuweisen. Gerade der Prozeß ihrer Emanzipation bewirkte eine Entfremdung von den deutschen Massen. Das Streben nach Bildung spielte eine wichtige Rolle in diesem Entfremdungsprozeß. Das Menschengeschlecht, so schrieb Humboldt 1792, stehe »auf einer Stufe der Kultur, von der es sich nur durch Ausbildung der Individuen höher emporschwingen kann«. Daher seien alle Einrichtungen, welche diese Ausbildung behinderten und die Menschen in Massen zusammendrängten, schädlich. Humboldt benutzte dieses Argument, um vor der Einmischung des Staates in den Bildungsprozeß zu warnen. Humboldts Erziehungsideal, das er als preußischer Erziehungsminister (1809–10) im Gymnasium wie auch in der soeben gegründeten Berliner Universität in die Praxis umsetzen wollte, schloß Studenten und Professoren in einer akademischen Gemeinschaft zusammen, die sich allein auf gegenseitige Bildung durch Wissenserwerb gründete.[25] Doch trotz der religiösen Toleranz, durch die sich alle am Bildungsprozeß Beteiligten auszeichnen sollten, stellte der Gegensatz zwischen dem Individuum und den Massen, zwischen dem gebildeten Bürgertum und den vielen sogenannten ungebildeten Männern und Frauen eine potentielle Bedrohung der jüdischen Assimilation dar. Die Juden liefen Gefahr, sich durch ihr konsequentes Beharren auf Humboldts Bildungsidee zu isolieren, anstatt den national verankerten, romantisch verbrämten Bildungsbegriff anzunehmen, der in Volksfrömmigkeit und Volkskultur Fuß gefaßt hatte.

Die Emanzipation der Juden fand nicht nur in der bürgerlichen Welt der Bildung und der Aufklärung statt, sondern auch im Zeitalter der deutschen Befreiungskriege gegen Napoleon. Die patriotisch gesinnten Juden bemühten sich, ihre Emanzipation und ihr neugewonnenes Staatsbürgertum dadurch zu dokumentieren, daß sie sich freiwillig zur Teilnahme an diesen Kriegen meldeten. So malte Moritz Oppenheim 1835 einen jüdischen Freiwilligen, der aus dem Krieg nach Hause zurückkehrt, um mit seiner Familie den Sabbat zu feiern. Damit entstand zum erstenmal in Deutschland das von einem jüdischen Künstler geschaffene Porträt jüdischen Lebens, das jüdische Religionsausübung mit deutschem Patriotismus verquickte. Auf dem Gemälde überschattet jedoch dieser Patriotismus das jüdische Ritual, während beide in eine Szene des bürgerlichen Familienlebens eingebettet sind.[26]

Die jüdische Gemeinde in Berlin mahnte ihre in den Krieg ziehenden Soldaten: »Vergesset in dem Krieger nie den Menschen«.[27] Der deutsche Nationalismus selbst befand sich während dieser Kriege noch am Scheidewege, und bis zur Besetzung Preußens durch Napoleon gingen Patriotismus und Weltoffenheit nicht selten Hand in Hand. Selbst fanatische Befürworter der deutschen Einheit wie der Dichter Klopstock vertraten die Ansicht, die Deutschen adele eine Toleranz gegenüber anderen Völkern.[28] Als ganz Deutschland 1814 den Jahrestag des preußischen Sieges über die Franzosen in der Schlacht von Leipzig beging, herrschte allgemeiner Stolz darüber, daß Juden während der Feierlichkeiten christliche Choräle mitsangen und daß »gebildete« Männer und Frauen sich ohne Rücksicht auf religiöse Unterschiede des Sieges deutscher Waffen freuten.[29] Somit bewahrte der Patriotismus die für das achtzehnte Jahrhundert typische Bedeutung der Solidarität, anstatt dem Herrschaftsgedanken zu huldigen.[30]

Für Ernst Moritz Arndt, der die Deutschen in zahllosen Schriften ermahnte, ihre Freiheit gegen die Franzosen zu verteidigen, war die deutsche Freiheit gleichbedeutend mit der Freiheit der gesamten Menschheit.[31] Das hinderte ihn jedoch nicht daran, sich im gleichen Atemzug voller Verachtung über all jene Deutsche zu äußern, deren Vaterlandsliebe dem Religionsverständnis des jüdischen Nathan in Lessings »Nathan der Weise« (1779) gleiche – eines Menschen, der die ganze Welt liebe, aber die in der Heimat in der Kälte frieren lasse.[32] Dieser Angriff auf das Grundgesetz des deutschen Judentums diente einem Zweck: der Jude als weltoffener Bildungsbürger wurde zum Symbol für das Streben nach Bildung und Aufklärung, dem man die Schuld für die deutsche Niederlage gegen die Franzosen zuschob, und ehemals so aufgeklärte Denker wie Fichte schlossen sich unter dem wachsenden Druck des Nationalismus dieser Auffassung an. Aber im großen und ganzen folgten die deutschen Juden dem Beispiel des zum Nationalisten gewordenen Patrioten nicht. Für sie verdankte der Mensch seine Umwandlung in einen Staatsbürger schließlich der aufklärerischen Bildungsidee und nicht einem emotionalen Appell an nationalistische Mythologie und Symbolik.

Einmal auf den Bildungsprozeß eingeschworen, würde sich der Mensch, so glaubte Humboldt, als Höhepunkt dieses Prozesses spontan dem politischen Leben zuwenden. Die Freiheit des einzelnen sei von entscheidender Bedeutung, erklärte Humboldt mit Verweis auf das Beispiel Griechenlands, wo Staatsbürgerschaft und Individualismus identisch gewesen waren[33]; die Griechen waren zu edel, empfindsam, frei und human, um eine Einmischung in die Entfaltung der menschlichen Persönlichkeit zu dulden.[34] Und hier bot sich ein weiterer Aspekt des Bildungsgedankens, der den soeben Emanzipierten zusagen mußte: die Staatsbürgerschaft stand nicht im Gegensatz zur Freiheit des einzelnen. »Je weiter die moderne Bildung fortschreitet«, schrieb Berthold Auerbach, »desto mehr geht sie vom Individuellen aus, das erst aus dieser seiner Besonderheit sich zusammenschließt mit dem Allgemeinen, mit dem Staat.«[35] Was zählte, waren individuelle Bildung sowie die Vielfalt der persönlichen Beziehungen.

Der Prozeß der Emanzipation und damit die zunehmende Autonomie des einzelnen verwirklichte sich für viele Juden durch persönliche Freundschaften. Der im achtzehnten Jahrhundert in Deutschland ausgeprägte Freundschaftskult gehörte zum Bildungsideal; er forderte dazu auf, Persönlichkeits- und Charakterunterschiede zu erkennen, um sie dann in einer gemeinsamen Bildungsanstrengung zu überwinden. So sah Goethe in »Wilhelm Meisters Lehrjahre«, dessen erzieherischen Leitgedanken ich bereits zitiert habe, das größte Glück des Menschen in der Freundschaft, die sich durch das Geben und Nehmen aus der reichen, durch gegenseitige Bildung erworbenen Persönlichkeitstiefe der Freunde auszeichnete.[36] Lessing läßt in seinem Drama »Die Juden« (1749) einen Juden zu einem Fremden, dem er auf seinen Reisen begegnet, sagen: »Ich sah aber, daß Sie Neigung zu mir und Abneigung gegen meine Nation [die Juden] hatten. Und die Freundschaft eines Menschen, er sei wer er wolle, ist mir allezeit unschätzbar gewesen.«[37]

Dieses Ideal leistete einen wesentlichen Beitrag zur jüdischen Emanzipation; viele Zeitgenossen betrachteten diesen Prozeß als Teil des Freundschaftskultes. Moses Mendelssohn wurde für gewöhnlich beim Spaziergang oder im Gespräch mit seinen jüdischen und christlichen Freunden abgebildet. So malte ihn Moritz Oppenheim in Gesellschaft mit Lessing und Lavater. Der Dichter Wieland begrüßte Mendelssohn »mit dem heiligen Namen der Freundschaft«[38], und andere, die die Juden als gleichberechtigt anerkennen wollten, taten es ihm gleich. Berthold Auerbach schrieb 1839 in einer Betrachtung der jüdischen Standpunkte seiner Zeit, daß eine Freundschaft mit Männern wie Moses Mendelssohn die Menschen von den Tieren trenne.[39] Das Freundschaftsideal ging tief, und wir werden der Neigung, alle Beziehungen zu personifizieren, erneut begegnen, wenn wir uns mit den Bemühungen einiger deutsch-jüdischer Autoren befassen, dem deutschen Volk das Bildungsprinzip zu vermitteln.

Als Ludwig Geiger gegen Ende des neunzehnten Jahrhunderts eine Betrachtung der Literatursalons anstellte, die beinahe hundert Jahre zuvor in Berlin bestanden hatten und in denen Juden und Christen zwanglos miteinander verkehrten, erblickte er in diesen Freundschaften nicht etwa vorübergehende Verbindungen, sondern vielmehr ein festes Band zwischen Christen und Juden.[40] Die Juden neigten zu einer Verklärung solcher Freundschaften; so wollte Joseph Wolf 1812 persönliche Freundschaften als ein Paradigma der Beziehung zwischen Gott und Mensch verstanden wissen.[41] Kein Faktor kann die Bedrohung durch eine neue Antisemitismus-Woge in den 80er Jahren des neunzehnten Jahrhunderts besser symbolisieren als die Aufopferung persönlicher Freundschaften zugunsten sogenannter höherer Erwägungen von Religion, Rasse oder Nation im Zuge der Aufkündigung jüdisch-christlicher Freundschaften durch einige Christen.[42] Kein anderer Faktor charakterisiert sowohl Liberalismus als auch Sozialismus der deutschen Juden besser als ihre verzweifelten Bemühungen um Erhaltung bzw. Wiederaufbau eigenständiger persönlicher Beziehungen.

Das Schicksal von Bildung, Freundschaft und jüdischer Emanzipation wurde von geschichtlichen Kräften bestimmt, deren Bedeutung im Rückblick eindeutig ist, selbst wenn diese damals nicht erkannt wurden. Das Bildungsprinzip war das Produkt einer neuen, nach Macht ringenden Gesellschaftsschicht. Für das Bürgertum erfüllte es zwei lebenswichtige Funktionen – zum einen bot es eine Legitimation des Mittelstandes im Hinblick auf Ober- und Unterschicht, und zum anderen ermöglichte es die Entstehung einer bürgerlichen Elite, die ganz im Sinne Humboldts bessere Beamten für den preußischen Staat liefern würde. Die Juden fanden also Aufnahme in ein Bürgertum, das für seine eigenen Zwecke auf das Bildungsprinzip angewiesen war. Das bedeutete keineswegs, daß man leichtfertig mit ihm umging, es wurde vielmehr zu einem Glaubensprinzip, einem Streben nach Höherem als wesentlicher Bestandteil der bürgerlichen Existenz. Im Laufe der Zeit aber vollzog sich eine Loslösung des Bildungsprinzips wie auch seiner ästhetischen Komponente vom Individuum und dessen Bildungsanstrengungen, und es wurde in eine Art von Religion – der Verehrung des Wahren, des Guten und des Schönen – umgewandelt.[43] So schrieb Theodor Fontane, zurückhaltender Kritiker der bürgerlichen Gesellschaft, 1892 über seine Jenny Treibel: »Es ist eine gefährliche Person und um so gefährlicher, als sie's selbst nicht recht weiß, und sich aufrichtig einbildet, ein gefühlvolles Herz ... ›für das Höhere‹ zu haben. Aber sie hat nur ein Herz für das Ponderable, für alles, was ins Gewicht fällt und Zins trägt.«[44]

Bildung zur Verbrämung des bürgerlichen Materialismus – dies war nicht das Ideal, das sich die Juden so bereitwillig zu eigen gemacht hatten. Aber das ursprüngliche Bildungsideal hatte als Quelle von Zucht und Kontrolle, ohne die die bürgerliche Gesellschaft nicht auskam, nicht ausgereicht. Gleich von Anfang an war der Nationalismus in die Bresche gesprungen und hatte den Zusammenhalt der Gesellschaft unter dem Ansturm der Moderne neu gestärkt. Immer schon litt der Bildungsbegriff an einer gewissen Verschwommenheit. Zu Beginn des neunzehnten Jahrhunderts hatte Fichte eine Definition der »Bildung« vorgeschlagen, die viel später in Friedrich Paulsens Klassiker »Das Deutsche Bildungswesen« (1906) wieder auftauchte: Bildung sei ein Mittel zur Umformung der Realität durch die Macht der Ideen, aber, so fügte Fichte an, der im deutschen Wesen verhafteten Ideen.[45] Juden klammerten sich an das Bildungsideal, anscheinend ohne daß ihnen zum Bewußtsein kam, daß die Menschen greifbarere Wegweiser benötigten, um das Abstrakte konkret werden zu lassen. In gewisser Hinsicht beschreibt die Geschichte der deutschen Juden die Verfolgung einer noblen Illusion, doch kam es im Zuge dieses Prozesses zur Neugestaltung einer ganzen Reihe von politischen und geisteswissenschaftlichen Begriffen. Wie typisch, daß gerade ein deutscher Jude, Ernst Bloch, im Exil vor dem Nationalsozialismus schrieb, ohne Tagträume und das Bauen von Luftschlössern werde die Welt nie geändert.[46]

Tagträume und Luftschlösser konnten weder gegen den Druck und die Belastungen ankommen, die die plötzliche Industrialisierung in Deutschland mit sich brachte, noch gegen die stets lauernde Gefahr sozialer Unruhen. Das Bildungsprinzip mußte der dringenden Notwendigkeit, Kontrolle über das öffentliche und private Leben zu behalten, angepaßt werden. Disziplin und Konformität als letzter Ausweg hatten den Vorrang vor Bildung und staatsbürgerlicher Spontaneität. So forderte die Volksschulerziehung, durch die die große Mehrheit der Deutschen eine Elementarbildung erhielt, von Anfang an Fügsamkeit und Unterwerfung. Aber schließlich beschränkte sich Humboldts Interesse auf das elitäre Gymnasium und die Universität.[47] Bildung hätte allen offenstehen sollen, die Willen und Können besaßen, aber schon bald befand sich das Ideal unter der Kontrolle einer sich selbst erneuernden Elite. Das Bildungsprinzip fand seine institutionelle Entsprechung im Gymnasium und in der Universität, die wiederum in den Händen der entsprechenden Führungsschicht lagen: in denen von Universitätsprofessoren bzw., in großem Abstand von diesen, Lehrern auf den höheren Schulen. Die Universität behielt als »Gewissen der Nation« akademische Unabhängigkeit, die vielleicht im wilhelminischen Deutschland ausgeprägter war als in den Jahren vor der deutschen Einigung. Diese Unabhängigkeit erzielte mehr im Forschungs- als im Lehrbereich erstaunliche Ergebnisse und katapultierte Deutschland in die ersten Ränge im Bereich der Natur- und Geisteswissenschaften. Aber die meisten Professoren, die sich als »Praeceptores Germaniae« zum Gewissen der Nation hochstilisierten, wurden in Wirklichkeit Hüter der bestehenden Ordnung. Auch wenn einige von ihnen Bewegungen zur gesellschaftlichen und politischen Reform anführten und halfen, die Einführung der Zensur im wilhelminischen Deutschland zu verhindern, so machte die Verbindung zwischen Professoren und Bürokraten doch den Prozeßcharakter der Bildung mehr oder weniger zunichte –, was zählte, war das Produkt.[48] Patriotismus, Pflicht und Disziplin drohten den kritischen Geist der Aufklärung und damit die Voraussetzung für die Bildung des Menschen zu ersetzen. Das Überbleibsel des Bildungsprinzips charakterisierte Ludwig Marcuse an einer Stelle, an der er über seine Lehrer zu Anfang des zwanzigsten Jahrhunderts schreibt, als diese verehrten preußischen Armeekasernen mit dorischen Säulen und korinthischen Kapitelen.[49]

Der Wandel im Stellenwert der Bildung vollzog sich allmählich, beschleunigte sich jedoch in den letzten Jahrzehnten des neunzehnten Jahrhunderts. Im Jahre 1804 hatte Friedrich Schleiermacher, der wohl einflußreichste preußische Kleriker, unter dem Einfluß des Pietismus und der Befreiungskriege die sogenannten gebildeten Deutschen gewarnt, den Staat nicht nur als einen negativen Faktor im deutschen Leben anzusehen (wie Humboldt), sondern stattdessen als ein sittliches Gut, denn das Vaterland gebe dem Leben seinen tiefsten Sinn. Gleichzeitig begann auch Fichte im Staat die einzige moralische, politische und wirtschaftliche Kraft zu erkennen, deren Aufgabe es sei, die Masse der einzelnen zu formen, aus denen der Staat bestehe.[50] Die Juden waren ganz zu Anfang ihrer Emanzipation trotz der Versprechen auf Chancengleichheit vom akademischen Leben und vom Beamtentum ausgeschlossen worden. Dabei hatte Humboldt bei seiner Beschreibung der neuen bürgerlichen Elite keine Unterscheidung zwischen Juden und Christen getroffen. Dennoch waren ein ganzes Jahrhundert später, 1909–10, weniger als drei Prozent der Professoren an den deutschen Universitäten Juden, das heißt, sie waren in die etablierte Bildungselite eingedrungen.[51] Mit dem fortschreitenden Wandel des Bildungsprinzips und dessen Vereinnahmung durch den neu erwachenden Nationalismus, mit einem verstärkten Ruf nach Konformität anstelle von kontinuierlicher persönlicher Bildung verstärkte sich die Isolierung der Juden zunehmend.

Jener Individualismus, der den Juden in ihrem Bemühen um eine Annäherung an Deutschland Halt geboten hatte, lief Gefahr, entmachtet zu werden. Was dem für die jüdische Assimilation so wesentlichen Ideal der Freundschaft widerfahren war, erwies sich als typisch für ein neues, härteres Zeitalter. Der Nationalismus trat die Vorherrschaft über persönliche Beziehungen an. Fichtes während der französischen Besetzung Preußens geäußerte Behauptung, der Mensch könne sich selbst bzw. etwas außerhalb seiner selbst nur lieben, wenn im deutschen Wesen verwurzelte Ideen Teil seines Glaubenssystems seien, sollte gegen Ende des neunzehnten Jahrhunderts allgemeine Anerkennung finden.[52] Kaum wurden solche Glaubenssysteme für wichtiger angesehen als die freie Wahl von Freunden und die persönliche Bildung, verbündeten sich romantische, pietistische und patriotische Traditionen und schlossen alle diejenigen als »Außenseiter« aus, die nicht an der deutschen Geschichtserfahrung teilgehabt hatten.

Je weiter das neunzehnte Jahrhundert fortschritt, desto weniger deutsche Bildungsbürger benutzten das populäre Wort »Geist« zur Beschreibung der empirischen Ermittlung durch die kritische Vernunft; stattdessen stand das Wort »Geist« nun für das Volk – die Seele. Das griechische Ideal unveränderlicher Schönheit galt für viele nur noch insofern, als es dem deutschen Nationalstereotyp Form und Inhalt gab.[53] Neben der Umwandlung des Bildungsprinzips in eine Art neuer Religion trugen diese Faktoren zur Untergrabung der ehemals für so verläßlich und vielversprechend gehaltenen Gemeinsamkeit zwischen deutschen und deutsch-jüdischen Bildungsbürgern bei.

Diese Aushöhlung des klassischen Bildungsbegriffs geschah keineswegs plötzlich, sondern allmählich und war niemals vollständig; ihre ganze Kraft enthüllte sie erst im Anschluß an den Ersten Weltkrieg. Aber der neue Antisemitismus der 80er Jahre des neunzehnten Jahrhunderts war nicht nur ein von der wirtschaftlichen Depression, den durch die Industrialisierung hervorgerufenen Anpassungsschwierigkeiten und der Bedrohung durch aufsässige Schichten und unruhige Jugendliche stimulierter Judenhaß; vielmehr hatte er tiefere und hartnäckigere Wurzeln. Oberflächlich betrachtet erlebte das Bürgertum seinen Nachsommer, und nie zuvor hatten die Juden in Deutschland ein angenehmeres Leben geführt. In Wirklichkeit hatten die Vorbereitungen für ihre Isolation aber bereits begonnen, und ihre Außenseiterrolle war längst eingeführt.

Zwar akzeptierte ein großer Teil der Juden, wenn auch mit ungutem Gefühl, die veränderten gesellschaftlichen Bedingungen, doch hielten viele andere beharrlich an dem älteren Bildungsideal fest. Die Auseinandersetzungen und Spaltungen innerhalb der jüdischen Gemeinschaft wurden – sieht man von einigen wenigen Zionisten und einer Minderheit innerhalb der Orthodoxie ab – auf der Grundlage eines gemeinsamen Engagements für das Bildungsideal ausgetragen. Manchmal hatte es den Anschein, als wollten sich alle ungeachtet ihrer religiösen oder politischen Überzeugung dem jungen Walter Benjamin anschließen, der Ludwig Strauss' Bemerkung gelobt hatte, »daß man gerade vom Studium Goethes auf die jüdische Art stoßen muß«.[54] Auf die Lebensweise des jüdischen Bildungsbürgertums übertragen bedeutete das: »Goethezitate gab es beim täglichen Mittagessen.«[55] Der Zionistenführer Kurt Blumenfeld vertrat 1914 die Ansicht, daß ein Jude, der die deutsche Kultur verstehe und Goethe, Fichte und Keller zu einem Bestandteil seines Lebens gemacht habe, sich leichter tue, ein jüdisches Nationalbewußtsein zu erwerben.[56] Diese Aussage ist wiederum nicht weit von Ernst Blochs Überzeugung entfernt, der wahre Marxismus sei das Erbe jenes Humanismus, der das Bürgertum während seines klassischen Zeitalters beseelt habe – dem Zeitalter Goethes und Humboldts.[57] Der Optimismus, der das Bildungsideal in seinen Anfängen so deutlich geprägt hatte, überlebte in den Juden, deren Hoffnungen sich immerhin in vieler Hinsicht erfüllt hatten. So schrieb der liberale Rabbi Caesar Seligmann, daß der Jude vom Märtyrer zum Bourgeois geworden sei.[58]

Vernunft und Kultur galten als Bollwerk gegen die Reaktion, und die Juden konnten viele gebildete Deutsche zu ihren Verbündeten zählen. Es gab nicht wenige Juden und Deutsche, die bis zum Tag der Machtübernahme der Nationalsozialisten selbst überzeugt waren, daß jemand von derart mangelhafter Bildung wie Hitler in Deutschland nie zu Amt und Würden gelangen könne – Kultur und Bildung besaßen in den Augen der Juden noch eine besondere Bedeutung, der sich einige, aber längst nicht mehr alle bürgerlichen Deutschen anschlossen.

Lessings Drama »Nathan der Weise« war und blieb als Popularisierung von Bildungs- und Aufklärungsinhalten die Emanzipationsurkunde der deutschen Juden. Das Stück lieferte in ihren Augen eine klare Aussage zu Lessings Menschheitsliebe über alle religiösen Schranken hinweg, eine Liebe, für die seine enge Freundschaft mit Moses Mendelssohn ein Beispiel war. Hannah Arendt nennt Lessing einen Klassiker der Freundschaft. Für Lessing hieß Freundschaft Gespräch, in dem sich die Menschlichkeit in dunklen Zeiten verwirklichte.[59] Gabriel Riesser, der als einer der ersten Juden die politische Arena in Deutschland betrat und 1848–49 Vizepräsident des Frankfurter Parlaments war, schrieb 1831, mit Lessing sei die Menschheit in eine neue Bildungsperiode eingetreten, in ein »paradiesisches Glück«. Er fuhr fort, in Lessings Zeit seien die besten Hoffnungen der Menschheit aus dem Winterschlaf erwacht: »Recht und Menschlichkeit, Schönheit und Bildung«.[60]

Während der 80er Jahre des neunzehnten Jahrhunderts standen Juden an der Spitze derer, die Lessing-Denkmäler gleichsam als Glaubensbekenntnis errichten wollten, wie die »Allgemeine Zeitung des Judentums« es sah.[61] Lange zuvor hatte Gabriel Riesser, als er selbst zum Bau eines Lessing-Denkmals aufrief, den Juden geraten, sich mit ihrer jüngeren und weniger mit ihrer fernen Vergangenheit zu beschäftigen. Sie sollten sich in jeder Situation vor Augen führen, wie Lessing wohl gehandelt hätte.[62] Und so ging ein religiöser Jude, ein Oberhaupt der Hamburger Synagoge, mit der Bedeutung der Bibel beziehungsweise einer spezifisch jüdischen Tradition um! Wodurch zeichnete sich denn Nathans Jüdischsein aus? Etwa dadurch, daß er ein reicher Kaufmann war und seine Familie in einem Pogrom umkam? Für die meisten Juden zählten vor allen Dingen seine Bildung, seine Weisheit und Toleranz. Dies ließ sich als Freiraum für eine religiöse Vielfalt auslegen, vorausgesetzt, sie leisteten dem Dienst an der ganzen Menschheit Genüge. Zu Lessings zweihundertjährigem Geburtstag im Jahre 1929 pries die C.V.-Zeitung, das offizielle Organ der größten deutsch-jüdischen Organisation, Lessing sowohl für sein Ideal einer vollendeten und vereinten Menschheit als auch für seine Weigerung, religiöse Unterschiede in eine rein ethische Kulturfrage aufzulösen. Lessing, lesen wir dort, lehrt uns, wie Bekenntnis zum Christen- oder Judentum mit »Allmenschheitsreligion« zu vereinigen sei, auch »wie man zugleich Deutscher und Weltbürger sein kann«.[63]

Zum selben Jahrestag warnte der Theaterkritiker, Schriftsteller und Dramaturg Julius Bab die deutschen Juden, Nathans Bedeutung nicht zu übertreiben, schließlich habe er niemals wirklich existiert und sei lediglich ein dichterisches Geschöpf.[64] Als aber die Juden sich 1933 vom deutschen Kulturleben ausgeschlossen fanden und ihren »Jüdischen Kulturbund« gründeten, war es dessen Leiter Julius Bab, der beschloß, die erste Saison mit einer Aufführung des »Nathan« zu eröffnen, zur Förderung jener großen deutschen Kultur, der man sich gleichermaßen verpflichtet fühlte.[65] Trotzdem zwangen die Nazis den Kulturbund bei dieser Gelegenheit, ausdrücklich zu dementieren, er wolle den »echten deutschen Geist« unter den Juden lebendig halten. Diese Aufführung war ein Glaubensbekenntnis von größerer Bedeutung als die Beteiligung an Lessing-Denkmälern. Nathans jüdisches Selbstverständnis erhielt mit der Produktion neues Gewicht, ohne jedoch, so hoffte man, die Grundaussagen des Stücks zu Toleranz und Universalität einzuschränken. So läßt man Nathan im ersten Akt eine chassidische Melodie summen, und in seinem Haus stehen eine Menora und ein Gebetshocker mit Davidsstern. Die meisten Kommentare aber rief die veränderte Betonung am Ende des Stückes hervor, selbst bei Lessing verlassen Moslem und Christ als neu zusammengefundene Verwandte die Bühne, während Nathan allein, aber glücklich abtritt. In der Produktion von 1933 verblieb Nathan auf der Bühne, stolz und einsam an der Rampe stehend, während der Vorhang fiel.[66]

Die Zionisten waren weitgehend mit einer Vorstellung zufrieden, gegen die sie sich zunächst als die bloße Wiederaufnahme assimilatorischer Themen gewehrt hatten. In dieser Aufführung erkannten sie eine enge Verknüpfung mit ihrer Überzeugung, daß die Nation eine notwendige Voraussetzung zur Verwirklichung eines humanitären Ideals darstelle. Indessen hatte der Kulturbund noch einen weiten Weg vor sich, wenn er die assimilatorische Vergangenheit wirklich tilgen wollte. Aber der Central-Verein deutscher Staatsbürger jüdischen Glaubens, die weitaus größte Vereinigung deutscher Juden, nahm den entgegengesetzten Standpunkt ein: Nathans Einsamkeit strafe seine freudige Gottgläubigkeit Lügen und leugne die Lehren des Stückes, das verschiedene Völker dank ihrer Allgemeinmenschlichkeit und ihrer gegenseitigen Toleranz vereinige.[67] Hier war der Optimismus, der Glaube an die menschlichen Fähigkeiten, noch intakt, wenn auch der deutsch-jüdische Dialog nicht mehr existierte und die Juden fast zu den alleinigen Hütern von Humboldts Bildungsideal geworden waren.

Die Niederlage des Ersten Weltkriegs und der schwierige Übergang vom Krieg zum Frieden bewirkte in Deutschland eine verstärkte Neigung zum Irrationalen. Der Beginn der Weimarer Republik war so turbulent und geräuschvoll wie ihr Ende vierzehn Jahre später kläglich und still. Der Bildungsgedanke verkam unter der politischen Rechten Deutschlands zu einer immer engeren Sichtweise: nationalistisch und rassistisch, wenngleich stolz auf erzieherischen und kulturellen Status. Der arischen Rasse allein wurde jene Gefühlstiefe bescheinigt, die die Bildung erforderte; nur Arier konnten die Bedeutung des Guten, des Wahren und des Schönen begreifen.

Viele, vielleicht die meisten Deutschen waren mit derlei Anmaßungen nicht sofort einverstanden; so rasch ließ sich das klassische Bildungsideal nicht zerstören. Vielleicht bestand selbst nach dem Krieg noch Hoffnung, und in dieser Situation nun versuchten einige Deutsche, unter ihnen vor allem eine Anzahl der prominentesten politisch aktiven deutschen Juden, der wachsenden Irrationalität innerhalb der deutschen Öffentlichkeit dadurch zu begegnen, daß sie sich in der Hoffnung auf Unterstützung Frankreich zuwandten. Die Nation, die die Heimat der Aufklärung gewesen war und die in jüngster Zeit den

Hauptmann Dreyfus rehabilitiert hatte, vermochte vielleicht auch das Gleichgewicht im Weimarer Deutschland wiederherzustellen. So wollte Theodor Wolff, der berühmte Chefredakteur des »Berliner Tageblatt«, die neugegründete Demokratische Partei nach dem Vorbild der Französischen Liberalen (der sogenannten parti radical et radical socialiste) gestalten; die Dritte Französische Republik galt ihm als staatliches Ideal. Georg Bernhard, Herausgeber des Konkurrenzblattes »Vossische Zeitung«, hing einer ähnlichen Vision an.[68] Modris Eksteins' Studie über diese größte demokratische Tageszeitung in Deutschland, die sich zum überwiegenden Teil in jüdischem Besitz befand und von Juden bzw. Männern jüdischer Abstammung geschrieben wurde, kam zu dem Schluß, daß es sich hier um Journalisten in der Tradition der französischen »philosophes« handelte.[69]

Kaum war der Krieg vorüber, da brachte Hans Lachmann Mosse, Besitzer des »Berliner Tageblatt«, mit einer ostentativen Versöhnungsgeste Yvette Gilbert nach Berlin, die in der deutschen Hauptstadt französische Chansons zum besten geben sollte. Die Fixierung auf Frankreich veranschaulicht den mangelhaften Wirklichkeitssinn jener, die noch hofften, die Niederlage werde schnell vergessen sein und die aus dem Krieg gelernten Lektionen würden zu einer Wiederherstellung von Vernunft und Aufklärung führen. Diesen deutschen Juden schlossen sich Männer wie Heinrich Mann an, der 1918 der Überzeugung war, die Intelligenz auf der einen und das Volk auf der anderen Seite würden nun eine »Republik der Vernunft« aufbauen.[70]

Dieser Mangel an Wirklichkeitssinn im politischen Bereich war ausgesprochen typisch für das jüdische Bürgertum. Er muß zum großen Teil durch ihr Festhalten an einem deutsch-jüdischen Selbstverständnis erklärt werden, das mit den wirklichen Gegebenheiten des deutschen Lebens wenig gemein hatte. Die Juden wurden mit einer immer engeren Sicht des Bildungsprinzips konfrontiert; außerdem war das Primat der Kultur über die Politik eine nicht beabsichtigte Konsequenz dieses Bildungsbegriffs. Zuerst kam die Theorie, und die Politik wurde der Kultur untergeordnet. So erhob »Sulamith« 1806 das Primat der Bildung ausdrücklich über jeglichen Pragmatismus.[71] Im wilhelminischen Reich ging die jüdische Führungsschicht lange Zeit ganz selbstverständlich davon aus, daß liberale Politiker Prinzipien über die Politik stellten. Deshalb ignorierten sie auch die häufigen unverhohlenen und stillschweigenden Bündnisse zwischen Liberalen und Antisemiten.[72] Und diese Haltung dauerte fort, bei den jüdischen Liberalen wie auch bei vielen jüdischen Sozialisten, denen die Kulturkritik weitaus mehr am Herzen lag als die Analyse der politischen Ökonomie.

Da jedoch der Bildungsbegriff der Theorie und nicht der Praxis entsprang, nahmen viele gebildete und intellektuelle deutsche Juden ihn in ein neues Selbstverständnis auf, denn er ließ sich trotz seiner Betonung des Individuums und der kritischen Vernunft in einen Zustand der Unveränderlichkeit und Kontinuität erheben und somit in eine weltliche Religion umgestalten. Schließlich hatte die Aufklärungsbewegung des achtzehnten Jahrhunderts die Natur zu einer beständigen wenn auch rationalen Kraft erhöht, die die Suche des Menschen nach der Wahrheit bestimmte. Humanität wurde als Abstraktion, als moralischer Imperativ betrachtet, unter dem alle Menschen gleich waren – mit gleichen Tugenden und rationalem Verstand. Das Humanitätsideal war tatsächlich ein von den Offenbarungsreligionen unabhängiger weltlicher Glaube geworden – jedoch ein Glaube, der nicht etwa blind vertraute und dessen Wahrheiten nur ein durch stete Bildungsbemühungen geschärfter kritischer Verstand zu entdecken vermochte.

Das neue Selbstverständnis der deutschen Juden fand seinen Ausdruck in einem Rahmen, der ihm nicht nur Form und Disziplin verlieh, sondern auch über Judentum und Christentum hinauswies. So übte der Münchener Rabbiner Cossmann Werner in einer Predigt vor dem Central-Verein im Jahre 1910 scharfe Kritik an den Juden, die mit der Taufe zum Christentum übergetreten waren, weil sie damit in seinen Augen nicht nur ein Verbrechen gegen das Judentum, sondern vor allem gegen die Menschheit selbst verübt hatten. Solche Juden waren gegen die Gleichberechtigung und hinderten andere im Kampf um Gerechtigkeit, denn ein Jude zu sein, hieße, menschlich zu sein – eine Aussage, die mit donnerndem Applaus begrüßt wurde.[73] Das Argument gegen die Taufe bezog sich nicht etwa auf das Judentum als Offenbarungsreligion, sondern auf das Humanitätsideal. Die Predigt selbst wurde während des Ersten Weltkriegs als Teil der sogenannten Feldbücherei, die der Central-Verein Deutscher Juden veröffentlichte, neu aufgelegt.

Die deutschen Juden, unter ihnen besonders die dem Bildungsideal verpflichteten, waren um eine Annäherung an das deutsche Volk bemüht; in ihrem Bestreben um eine Weitergabe des Bildungsprinzips folgten sie einem allgemeinen Trend unter den von der Welt der Führungselite Ausgeschlossenen. Schließlich bildete ein solcher Trend auch einen Teil des ursprünglichen Bildungsgedankens, nach dem jeder – nicht nur eine in sich geschlossene Elite – für fähig gehalten wurde, sein Ziel zu erreichen. Einige jüdische Sozialisten suchten Aufnahme in die deutsche Arbeiterklasse, doch sahen sie sich in der Folge nicht selten als lästige Intellektuelle isoliert, nicht bereit, ihren Pflichten als Infanteristen innerhalb der Arbeiterbewegung nachzukommen. Andere, zumeist Gelehrte, ignorierten die Massen und versuchten, das Irrationale durch eine rationale Erforschung und vernunftgeleitete Analyse zu exorzieren. Ihnen sind neue Ansätze zur Geschichtsanalyse und Philosophie zu verdanken. Den größten Erfolg bei ihren Annäherungsbemühungen konnten jedoch jene Schriftsteller verbuchen, die sich vor dem Ersten Weltkrieg und während der Weimarer Republik bemühten, das klassische Bildungsideal in absatzstarken Romanen und Biographien weiterzugeben.

Die größte Berühmtheit unter diesen Schriftstellern erlangte wohl Stefan Zweig. Obgleich von Geburt Österreicher, muß er an dieser Stelle als deutscher Autor erörtert werden, denn seine Werke wurden Teil der deutschen Massenkultur. Zweig war stolz darauf, keine Nationen, nur Menschen zu kennen; sein Interesse galt der Menschheit allgemein.[74] Er bemühte sich, seine Bücher mit einem aus dem Bildungsideal erwachsenen liberalen Geist zu erfüllen, der jedoch gleichzeitig für eine Konkretisierung des

Abstrakten und somit für eine größere Verständlichkeit sorgte. Konkretisierung des Abstrakten hieß, alle Fragen aus einer privaten und nicht der öffentlichen Perspektive zu betrachten. Dabei war solch eine Behandlung zeitgenössischer Probleme keineswegs apolitisch, wie in jüngster Zeit kritisch angemerkt[75], sondern nährte sich vielmehr aus Zweigs Glauben an den Primat individueller Entwicklung und persönlicher Beziehungen als eigentliche Voraussetzung für die Existenz des deutschen Judentums. Auch war sein Glaube an die Menschheit mitnichten so naiv, wie es manchen modernen Kritikern erscheinen mag, vielmehr setzte er die Tradition der Aufklärung fort.[76] Zweig stand damit nicht auf verlorenem Posten; der heute vergessene historische Schriftsteller Emil Ludwig genoß gleiche Beliebtheit. Auch andere bemühten sich um Annäherung, versuchten unablässig, populärer Literatur Relevanz zu verleihen, um so die Sichtweise der Deutschen zu ändern und einen Damm gegen die anstürmenden Wogen des Nationalismus und der Konfrontationspolitik zu errichten, die Deutschland zu überrollen drohten.

Die vorangegangene Erörterung des Bildungsbegriffs zeigt die im neunzehnten Jahrhundert geschaffenen Grundlagen auf, anhand derer sich die Konflikte und Frustrationen verstehen lassen, mit denen die deutschen Juden des zwanzigsten Jahrhunderts zu kämpfen hatten. Sowohl vor als auch nach dem Ersten Weltkrieg stiegen diese Intellektuellen vom Gipfel einer klassischen Bildung zum Volk hinab in der Hoffnung, dieses für die Botschaft bereit zu finden. Auch wenn sie hinsichtlich ihres unmittelbaren Erfolges oft Illusionen unterlegen waren, schufen sie doch langfristig eine attraktive Definition des Judentums jenseits von Religion und Nationalismus.

II

Deutsche Juden und deutsche Volkskultur

Die Emanzipation der deutschen Juden vollzog sich in einem Deutschland der Bildung und der Aufklärung zu einer Zeit, als die Ideale der Epoche durch die immer enger werdenden Horizonte der deutschen Wirklichkeit eine zunehmende Beschränkung erfuhren. Doch im wilhelminischen Reich war die Isolation der deutschen Juden eher latent als real, und die allermeisten Juden führten ein angenehmes Leben als Mitglieder des deutschen Bürgertums. Mit der Gründung der Weimarer Republik nach dem Ersten Weltkrieg endete alle Diskriminierung der Juden; ihre Emanzipation war endlich erreicht. Sie spielten eine hervorragende Rolle in der Weimarer Kultur und beteiligten sich zunächst auch am politischen Leben der Republik. Was jedoch wie die Verwirklichung einer vollständigen und gleichberechtigten Staatsbürgerschaft – der Traum vorangegangener Generationen – aussah, erwies sich in Wirklichkeit als entscheidende Phase in der wachsenden Isolation der Juden in Deutschland.

Ein Jahrzehnt nach Gründung der Weimarer Republik vermieden politische Parteien jeder Couleur, wo immer möglich, die Ernennung von Juden in ein öffentliches Amt. Gleichzeitig wurde die »Judenfrage« zu einem festen Bestandteil der politischen Diskussion und nahm bedrohliche Dimensionen an, die sie vorher nicht gehabt hatte. Die Juden wurden Opfer der Konfrontationspolitik, des nahenden Bürgerkriegs, der letzten Jahre der Weimarer Republik – sie wurden zum Spielball von Massenbewegungen der politischen Rechten und selbst der Linken. Außerdem bildete das republikanische Deutschland auf europäischem Boden das Hauptschlachtfeld zwischen der Moderne und den Kräften der Tradition im Bereich von Literatur, Theater, bildender Kunst und Musik. Die politische Polarisierung ging einher mit einer Polarisierung im kulturellen Bereich. Viele Juden ergriffen Partei – und spielten eine sichtbare und entscheidende Rolle in der Unterstützung der Moderne gegen die traditionellen Kräfte.

Was wir heute gemeinhin als die Kultur der Weimarer Republik bezeichnen, war größtenteils das Werk Linksintellektueller, unter denen die Juden einen so unverhältnismäßig großen Anteil stellten, daß diese Weimarer Kultur selbst von Sympathisanten zuweilen leicht abfällig als interner jüdischer Dialog bezeichnet wird. Diese Intellektuellen suchten selbst nach Verwurzelung und reichten dabei nicht selten denjenigen Deutschen die Hand, die sie als Arbeiterklasse definierten. Ihr Dilemma soll uns später noch beschäftigen; jedenfalls lieferte die ausgeprägte Präsenz jüdischer Sozialisten der völlig ungerechtfertigten Überzeugung Stoff, die Juden seien anti-national eingestellt und hätten dem besiegten und gedemütigten deutschen Volk den Rücken gekehrt. Einige der wichtigsten jüdischen Intellektuellen, die eine Kontaktaufnahme mit den deutschen Massen anstrebten, hielten die Arbeiterklasse jedoch nicht für das geeignete Medium. Vielmehr wollten sie das deutsche Volk über die Massenkultur erreichen, ihre Botschaft in Formen kleiden, die weder historische noch philosophische Vorbildung erforderten. Um diesen Versuch der Annäherung an das deutsche Volk, um den Einfluß auf seine Kultur, soll es in diesem Kapitel gehen.

Die Polarisierung der deutschen Politik und Kultur zwang vielen Juden liberale und sozialistische Positionen auf, denn der Antisemitismus hatte die Tür zur politischen Rechten geschlossen. Zwar traten Juden in Parteien wie die katholische Zentrumspartei und die Deutsche Volkspartei ein, Nachfolgerinnen der Nationalliberalen, Parteien mit Hang zum Konservatismus, die aber die Republik unterstützten. Weniger Glück jedoch hatten jene einzelnen Juden, die sich um Aufnahme in Parteien bemühten, die sich während der Weimarer Republik konservativ nannten und der neuen Republik nicht eben freundlich gesinnt waren, wie die Deutschnationale Volkspartei oder kleinere konservative politische Kreise. Da half es auch nicht, daß ein jüdischer Konservativer etwa mit dem Hinweis um Aufnahme bat, anderen erfolgreichen konservativen Parteien wie der englischen Tory Party und den italienischen Faschisten sei der Antisemitismus unbekannt. Stattdessen wurden die Anfragen von Juden, die 1932 die ihnen unzugängliche Deutschnationale Volkspartei wählen wollten, entweder ignoriert oder erst nach Ablauf der Wahl positiv beantwortet.[1] Die politische Wirklichkeit verstärkte die Neigung deutscher Juden, sich der liberalen Sache zu widmen. Die Juden waren dem Neuen in der Kultur gegenüber äußerst aufgeschlossen; als Gruppe waren sie weitaus experimentierfreudiger als das deutsche Bildungsbürgertum. So schickten Juden ihre Kinder in experimentelle Internate wie die von dem radikalen Bildungsreformer Gustav Wyneken gegründete Freie Schulgemeinde Wickersdorf (in der 1922 40 Prozent der Schülerschaft Juden waren)[2], und unterstützten die kulturelle Avantgarde sowohl als Mäzene wie auch als Publikum.

Ende des neunzehnten Jahrhunderts hatte Aubrey Beardsley in England jene deutschen Juden satirisch aufs Korn genommen, die immer vom Neuesten in Kunst und Literatur fasziniert waren. Seine Schwarz-Weiß-Zeichnung mit dem Titel »Männliche und weibliche Wagnerianer bei einer Aufführung von Tristan und Isolde« zeigt ein opulentes und korpulentes jüdisches Publikum. Einige Juden hatten tatsächlich die Wagner-Festspiele in Bayreuth unterstützt.[3] In dem Fall mag allerdings die Liebe zum musikalisch Neuen weniger eine Rolle gespielt haben als vielmehr die Demonstration ihres Deutschtums durch die Übernahme des Wagner-Mythos. Während der Weimarer Republik jedoch blieb eine solche Unterstützung einer politischen und kulturellen Rechten versagt, die jegliches Experimentieren verdammte und die im Gegensatz zu Richard Wagner ihre antijüdische Rhetorik konsequent in den Ausschluß von Juden aus ihrer Mitte umsetzte.

Auch hier war die Bildungstradition von Bedeutung. Selbst Leute, die persönlich nur wenig mit der Avantgarde oder den Linksintellektuellen gemein hatten, bewahrten sich ein relativ lebhaftes Interesse an allem Neuen und Experimentellen, wie es für den intellektuellen Wachstumsprozeß unabdingbar ist. So öffneten die Herausgeber der prominenten liberalen Presse, die Männer, unter deren Ägide das »Berliner Tageblatt«, die »Vossische« und die »Frankfurter Zeitung« erschienen, ihre Seiten der musikalischen, künstlerischen und literarischen Avantgarde, wenn auch ihr persönlicher Geschmack konservativer sein mochte. Diese Öffnung zum Modernen fand selbst in einer klassischen Analyse des Judentums ihren Niederschlag. Rabbi Leo Baecks »Das Wesen des Judentums« (1906) führt das Beispiel des jüdischen Messianismus gegen die von ihm kritisierte »Kulturzufriedenheit« ins Feld und nennt das Judentum einen »Sauerteig in der Geschichte«, »ein Ferment der Dekomposition«.[4] Zwischen einer derart dynamischen Auffassung des Judentums und der erstarkenden politischen Rechten in Deutschland ließ sich keine Brücke schlagen. Unterstützung der Avantgarde, kultureller Neuerungen – kurz gesagt, der sogenannten Weimarer Kultur – war Bestandteil der deutsch-jüdischen Bildungs- und Aufklärungstradition.

Mehr als ein Jahrhundert war seit der Emanzipation vergangen, doch hatte sich an dem Bedürfnis, als Gleichberechtigte akzeptiert zu werden, Einigung zwischen Deutschen und Juden zu erzielen, nichts geändert. Das hieß, sich unablässig um eine Überwindung eben jener deutschen Geschichtstraditionen zu bemühen, die gerade Juden nicht für sich in Anspruch nehmen konnten. Einige, darunter Auerbach, lösten den deutschen Bauern aus seiner lokalen und provinziellen Verwurzelung, um ihm so ein weiteres Blickfeld zu verschaffen; die verbleibende Mehrheit unterstützte kulturelle Neuerungen, in denen das Gespenst der Vergangenheit nicht länger eine aufgeklärte Gegenwart heimsuchen würde.

Außerdem waren die kulturschaffenden deutschen Juden bis 1918 von der Führungselite so gut wie ausgeschlossen und damit auf Berufe in den Randbereichen angewiesen: den Journalismus, die Künste, das Theater, die Schriftstellerei.[5] Auch in der Weimarer Republik waren sie in diesen Berufszweigen stark vertreten. Ob als Konsumenten, Förderer oder Schöpfer avantgardistischer Kultur, ständig wurde den Juden durch ihre Beschäftigung mit der Moderne die Außenseiterrolle zugewiesen. Allerdings fanden sich auch viele gleichgesinnte Deutsche, die sich ihrer Suche anschlossen, und so entwickelte sich hier, in den Randbereichen des konventionellen Establishment, ein echter deutsch-jüdischer Dialog. Ihr engagiertes Streben nach einer höheren Kultur machte es den Juden, die ohnehin schon von den deutschen Massen isoliert waren, immer schwerer, Kontakt mit diesen Massen aufzunehmen. Doch schufen sie gerade durch ihre unfreiwillige Außenseiterrolle ein kulturgeschichtliches Erbe, das für zukünftige Generationen weitaus bedeutungsvoller war als das der »Insider«. Nationalistische und rechtsgerichtete Literatur ist größtenteils provinziell, und in Deutschland waren es die natürlichen Nachfolger der Schriftsteller des neunzehnten Jahrhunderts, die, besessen von ihrer germanischen Herkunft, zu einer Zeit für eine Isolierung der deutschen Literatur sorgten, als französische und englische Autoren ein weltweites Lesepublikum fanden.

Linksintellektuelle, avantgardistische Künstler, liberale Journalisten und freiberufliche Autoren reagierten erstaunt, verletzt und zornig auf die ausbleibende populäre Wirkung ihrer Bemühungen. Sie betrachteten ihre Aufgabe als eminent erzieherisch, doch trugen den Sieg jene davon, die die Massen zu mobilisieren verstanden – nicht nur, indem sie ihnen Befreiung versprachen, sondern indem sie an traditionellere Denkmuster appellierten.

Einige jüdische Schriftsteller erzielten allerdings eine Popularität, wie sie den Linksintellektuellen, avantgardistischen Künstlern oder der liberalen Presse versagt blieb. Ihre Bücher erreichten eine millionenstarke Leserschaft. Es ist jedoch unwahrscheinlich, daß ihre Werke weit über das Bürgertum hinausdrangen, auch wenn die meisten ihrer Bücher als Fortsetzungsromane zu Billigpreisen verkauft wurden und in Leihbüchereien wanderten. Autoren wie Stefan Zweig und Emil Ludwig ging es nicht allein um Unterhaltung, sie wollten erziehen, Bildungsideale verbreiten und zum Gebrauch des kritischen Verstandes anregen. Diese Männer waren Liberale der alten Tradition; im Einklang mit der liberalen Presse wiesen sie beispielsweise den militanten Patriotismus des Ersten Weltkriegs zurück. Das Wesen ihres Judentums drückte sich für sie durch ihre Haltung im kulturellen Bereich aus; viele andere jüdische Intellektuelle und Förderer deutscher Kultur teilten diese Auffassung.

Autoren wie Zweig und Ludwig waren progressiv, ohne zur Avantgarde zu gehören, und hierin lag ihre Stärke als Volksschriftsteller. Sie waren ihrer Zeit kaum voraus, und trotz ihres Engagements für die Bildungs- und Aufklärungsideale atmete ihr Werk eine gewisse wehmütige Sehnsucht nach Dauer und Beständigkeit im privaten und politischen Leben. Wohl verfocht Zweig die Überzeugung, das Leben sei leidenschaftlich zu leben, doch hielt er anhaltende Leidenschaft für ungesund: sie ende entweder im Tod oder in einer Rückkehr zu sogenanntem Normalverhalten.[6] In den Bildungs- und Aufklärungsgedanken fand sich durchgängig offenes oder verstecktes Lob des bürgerlichen Lebens. Mit der avantgardistischen Vorliebe für Bürgerschreckdarstellungen oder einem von links kommenden Angriff auf bourgeoises Leben wollte man nichts zu schaffen haben. Emil Ludwig plädierte zum Beispiel für ein Gleichgewicht zwischen Lust und Leistung, welches das erotische Triebleben in Schach halten würde.[7]

Anhand der genannten Schriftsteller läßt sich deutlich erkennen, wie es dem Versuch erging, Bildungs- und Aufklärungsgut in die Massenkultur einzubringen. Daneben warf die Geschichte der deutschen Juden das noch größere Problem auf, wie eine Hochkultur, die individualistisch, humanistisch und pazifistisch geprägt war, überhaupt in eine wechselseitige Beziehung mit der Volkskultur treten konnte. Emil Ludwig und Stefan Zweig sind in der obigen Diskussion hervorgehoben worden, doch standen sie keineswegs allein da, andere teilten ihre Haltung. Eine Analyse der Werke dieser Autoren läßt ein ganz bestimmtes deutsch-jüdisches Erbe erkennen, ein Judentum jenseits von Religion und Nationalität. Beliebtestes literarisches Medium sowohl Zweigs als auch Ludwigs war die historische Biographie – möglicherweise ein Symptom für die Suche nach dem Individuum zu einer Zeit, als die deutsche Politik weitgehend durch das Schwanken der irrationalen Massen geprägt war. Ihre während der Weimarer Republik entstandenen Werke, ihre versuchte Annäherung an das Volk und damit Überwindung ihrer jüdischen Isolation sind innerhalb einer bereits etablierten deutsch-jüdischen Tradition zu sehen. In »Schrift und Volk« hatte Berthold Auerbach das deutsche Volk bereits idealisiert; Zweig und Ludwig sollten es ihm über ein halbes Jahrhundert später gleichtun. Jeder Mensch, versehen mit der Anlage zum Guten und nicht zum Bösen, so Auerbach, trage auch das Wesen der Gemeinschaft auf seinen Schultern. Je mehr Männer und Frauen nationale und regionale Interessen den allgemeinmenschlichen unterordneten, desto vollkommener werde die Gemeinschaft, in der sie lebten.[8] Aus Auerbach sprach der Optimismus der Aufklärung und des Bildungsprinzips; dasselbe galt für die während der Weimarer Republik tätigen jüdischen Volksschriftsteller. Auerbachs Bemühen, Verschiedenheit zur Einheit umzuformen, regionale Traditionen mit denen der Nation und der gesamten Menschheit zu verquicken, wurde von Stefan Zweig fortgesetzt, der in seinen Sammelbiographien gern die disparatesten Figuren vereinigte.

Zwischen 1911 und 1938 verkauften sich von Emil Ludwigs populären Biographien in Deutschland 1,2 Millionen, in den Vereinigten Staaten 1,1 Million und in den übrigen Ländern 800000 Exemplare.[9] Damit wurde Ludwigs Name an den unerwartetsten Orten zu einem geläufigen Begriff. Als ich als junger deutsch-jüdischer Flüchtling in den 30er Jahren nach England kam und der Zollbeamte in Dover hörte, daß ich Geschichte studierte, war seine unmittelbare Reaktion: »Wohl ein zweiter Emil Ludwig, was?« Für die Nazis symbolisierte Emil Ludwig denn auch die sogenannte jüdische Zersetzung der deutschen Kultur, eine weitere Huldigung an seine Popularität. Mit richtigem Namen hieß er Emil Ludwig Cohen; sein Vater hatte ihn bewogen, das Cohen wegzulassen, um sich so bessere berufliche Chancen zu sichern. Ludwig hatte weder eine jüdische noch eine christliche Erziehung genossen; schlichte ethische Unterweisung mußte genügen, schrieb er in seinem Lebensrückblick. »Warum das Gemüt eines Kindes«, fragte er, »mit den Schicksalen eines Nomadenvolkes erfüllen, die uns völlig fremd bleiben?«[10] Ludwig unternahm den logischen Schritt, zum Christentum überzutreten, jedoch nur für kurze Zeit. Erschüttert durch den Mord an dem jüdischen Außenminister Walther Rathenau im Jahre 1922 trat er aus Protest gegen die Judenfeindschaft, die zum Mord an einem der besten deutschen Männer geführt hatte, aus der Kirche aus: »Meiner Rasse fühle ich mich stärker verbunden, seit sie in meinem Vaterlande aufs neue verfolgt wird«. Religiöse Dogmatik war Ludwig gleichgültig; sein Glaube, erklärte er, wäre bestimmt von Gott, der Natur und Goethe.[11] Entsprechend war seine Konversion zum Christentum einfach nur der Versuch gewesen, sich den Respekt der Deutschen zu erkaufen. Sowohl innerhalb als auch außerhalb der Kirche betrachtete er es jedoch als seine Mission, seine Leser zur Ausübung der Vernunft und der Toleranz anzuleiten – jene individuelle Selbständigkeit zu verkünden, die so entscheidend für Bildung und Aufklärung war.

Stefan Zweig, der als Schriftsteller ebenso hoch in der Gunst des Lesepublikums stand, nahm seinen jüdischen Glauben ernster als Emil Ludwig, wenn auch seine Erziehung in religiöser Hinsicht eher nachlässig gewesen war.[12] Zweig war verspätet, dann aber zu einem um so überzeugteren Pazifist geworden, und schrieb 1916 an Martin Buber, daß das Jüdischsein nie zu einem Rückzug ins Ghetto – einer Abkehr von der Welt – führen dürfe, vielmehr liege in ihm die Möglichkeit des Weltbürgertums.[13] Noch vor Kriegsende sprach er sich nachdrücklich gegen Nationalismus und Engstirnigkeit aus; es sei die Mission des Judentums, erklärte er, die Existenz einer geistigen Gemeinschaft zu demonstrieren, einer »Gemeinschaft auch ohne

Erde«.[14] Nach dem Krieg bleib er diesen Idealen treu. Sie gründeten sich letztlich auf einer Definition des Judentums, dessen Wesenskern sich durch Bildungs- und Aufklärungsideale auszeichnete; weder Zweig noch Ludwig verspürten die Notwendigkeit einer traditionellen Religion. Ihr Judentum war die Suche nach einem persönlichen Selbstverständnis jenseits von Nationalzugehörigkeit und Religion, und ausgehend von dieser Suche strebten sie eine Beeinflussung des deutschen Volkes an.

Wie Ludwig schrieb auch Zweig historische Biographien, verfaßte aber darüber hinaus Romane und Novellen, wobei jedoch die biographischen Werke für seine selbstgewählte Erziehungsaufgabe von besonderer Bedeutung waren. Nach dem Ersten Weltkrieg hungerten die Leser nach Geschichte, nach Persönlichkeit und Führung. Jener Drang, sich in Krisenzeiten einer Führerperson anzuschließen, der dann verhängnisvolle Folgen haben sollte, verhalf auch den historischen Biographien zu Popularität. In ihrem Mittelpunkt standen zumeist berühmte historische Figuren, Staatsmänner wie Napoleon oder Bismarck oder Dichter wie Goethe und Byron, die zu Kultfiguren geworden waren. So verdankte Ludwig seinen Ruhm dem vor dem Kriege (1911) erschienenen »Bismarck«, den sein Verlag auf dem Titel als ein Novum pries – eben nicht das Werk eines Politikers oder Historikers, sondern eines die Geschichte verarbeitenden Psychologen. Die menschliche Persönlichkeit wurde hier isoliert untersucht; historische Kräfte, die die Handlungen der Menschen bestimmt haben mochten, wurden ignoriert, und nur das Innenleben und die Entwicklung und Selbstbildung des Menschen zählten. Zweig schrieb, weil die Massen unfähig seien, abstrakte Gedanken zu begreifen, müsse der Mensch als faßbares Symbol für den betreffenden Gedanken dienen.[15] Sowohl Ludwig als auch Zweig hatten im Gegensatz zu den im allgemeinen mit der Weimarer Kultur in Verbindung gebrachten Kulturschaffenden Einsicht in die Bedürfnisse der Volkskultur, ohne daß einer von ihnen diese Einsicht zur Errichtung nationaler Denkmäler hätte nutzen wollen.

Ludwigs Biographien waren bis zu einem gewissen Grade kritisch; seine Arbeit über Wilhelm II. (1924) beschuldigte den Kaiser, den Ersten Weltkrieg begonnen zu haben[16]; in gleicher Manier machte er die Unfähigkeit einzelner Staatsmänner für das Versagen verantwortlich, im Juli 1914 den Frieden zu wahren. Ludwig schrieb, wenn es ihm gelänge, historische Analyse in persönliche Dynamik aufzulösen, dann müßten Lehrer, Barmann und Näherin gleichermaßen von Bismarcks Ehrgeiz und Streben ergriffen werden.[17] Eigene historische Forschungen seien für seine »Aufgabe, Bildnisse zu malen«, nicht notwendig gewesen, berichtet uns Ludwig, dazu gebe es genügend gelehrte Sekundärquellen.[18]

Die von Ludwig und Zweig angewandte historische Methode erhielt ihre genaueste Beschreibung durch den Kritiker einer anderen berühmten Biographie, die in England entstand, wo diese Gattung nach Kriegsende gleichfalls Popularität genoß. Lytton Stracheys »Eminent Victorians« (1918) senkte einen kleinen Eimer in ein großes Meer von Dokumenten und tauchte mit charakteristischen Proben wieder auf. So entstand eine Welt, in der sich das Ganze aus seinen Einzelteilen ableiten ließ.[19] In diesem Fall dienten die Proben allerdings der Desillusionierung anstatt der Erziehung, denn sie waren von einem zynischen Geist beseelt und weniger von dem Drang, Bildungs- und Aufklärungsgut zu verbreiten. Für Zweig und Ludwig bildeten individueller Charakter und Schicksal die treibenden Kräfte der Geschichte. Die Geschichte bringe entscheidende Augenblicke hervor, so erklärt uns Zweig, Minuten, in denen sich das Schicksal von Menschen und Nationen entscheide.

Die Biographien zogen aufgrund ihrer Konstruktionsweise eine sehr große Leserschaft an – sie gestalteten Geschichte zu einem mit atemloser Intensität erzählten Drama. Stefan Zweig nannte sein erfolgreichstes Buch »Sternstunden der Menschheit« (1927) und fügte ihm mit jeder neuen Auflage zusätzliche Biographien an. So entschied sich der geschichtliche Verlauf des gesamten neunzehnten Jahrhunderts, Zweig zufolge, in den wenigen Minuten, in denen General Grouchy jene Entscheidung traf, die – so Zweig – zu Napoleons Niederlage in der Schlacht von Waterloo führte.[20]

Für gewöhnlich endeten diese Lebensdarstellungen zufriedenstellend, wenn auch nicht immer glücklich. In Ludwigs Porträt führten Lord George Byron und Ferdinand Lasalle, die beide Gegenstand einer Doppelbiographie waren, zwar ein stürmisches Leben, starben jedoch genau zum ›richtigen‹ Zeitpunkt – nämlich auf dem Höhepunkt ihrer explosiven Energie. Hätten sie weitergelebt, so wäre ihr Leben unweigerlich antiklimaktisch verlaufen. So geschah die Ermordung Walther Rathenaus genau im »rechten Augenblick«, als bereits alle Zeichen auf einen Niedergang seiner Macht deuteten.[21] In diesen Biographien beseelt ein unverwüstlicher Optimismus das Lebensdrama – die Geschichte sorgt für den besten Ausgang, das Gute im Menschen triumphiert über das Böse.

Der einzige Jude, den man neben einem Napoleon oder einem Bismarck einer populär-historischen Biographie für wert erachtete, war Walther Rathenau. Es ist interessant zu beobachten, in welchem Ausmaß Rathenau zu einem bedeutenden Vorbild für deutsche Juden wurde. Er schien ein Symbol für die Weimarer Republik zu sein, der er sein Leben opferte – wie das Gemeindeblatt der Jüdischen Gemeinde zu Berlin es ausdrückte – für das ihr innewohnende Potential wahrer Gleichheit zwischen Deutschen und Juden.[22] Für Ludwig und Zweig symbolisierte er die Einheit des Verschiedenen, ein Ideal, dem sich gleich nach der Emanzipation auch Berthold Auerbach verpflichtet gefühlt hatte. Rathenau, so erklärt uns Zweig, verband »Wissen und Tätigkeit« mit einer erstaunlichen Bildung.[23] Sein Erfolg übertraf den Traum jedes Juden, schreibt Ludwig, doch war er trotz dieses Erfolgs einsam und von allen in seiner Umgebung verraten; seine Stärke erwuchs aus der Schwäche und spiegelte die Stellung der Juden in Deutschland wider.[24] Zweig drückte es direkter aus – Rathenau symbolisierte die einsame Größe des jüdischen Geistes, dem der bequeme Trost religiösen Glaubens versagt war.[25] Beide Schriftsteller sahen in Rathenaus vorzeitigem Tod den logisch-konsequenten Abschluß seines Lebens, hätte er doch weiter nicht gehen können. Die aus solchen Vorgaben entwickelte Persönlichkeit Rathenaus ist auf seinem Judentum aufgebaut, das sich wiederum durch die Kraft des Intellekts, nicht durch den Glauben definiert. Aber schließlich hatte Rathenau selbst geschrieben, der kultivierte Jude sei »weniger als irgendein anderer zeitgenössischer Kulturträger vom Dogmatisch-Religiösen abhängig«.[26]

Rathenau diente nicht nur als Beispiel für jüdische Teilnahme am deutschen Leben, sondern stellte ein aktives Judentum dar, wie es sich durch ein von Gelehrsamkeit, Bildung und Freundschaft erfülltes Leben ausdrückte. Nicht nur Ludwig und Zweig wiesen nachdrücklich darauf hin, daß Rathenau, mochte er noch so beschäftigt gewesen sein, immer Zeit zur Unterhaltung mit jungen Freunden gehabt habe.[27] Unerwähnt bleiben für gewöhnlich Rathenaus deutschnationale Einstellung und sein jüdischer Selbsthaß. Er gewann als Vorbild für deutsche Juden größere Bedeutung als die meisten Rabbiner oder Gemeindeoberhäupter, zumindest bis Leo Baeck in der Zeit des Nationalsozialismus als Leitfigur auftauchte. Doch selbst Leo Baeck, ein Mann von tiefer Religiosität, galt und verstand sich selbst als ein Mann von Kultur.[28]

Das Bemühen um Erziehung, um eine Verbreitung des Bildungsprinzips war in den Biographien von Zweig und Ludwig immer deutlich spürbar. Der deutsche Genius, so Ludwig, war nie politisch, sondern stets ideologisch oder künstlerisch bestimmt, und Bismarck sollte der Welt als Vorbild für Rationalismus und geistige Offenheit dienen, wie sie für den wahrhaft Gebildeten charakteristisch waren.[29] Einziger Feind war der Dogmatismus, gegen den auch Berthold Auerbach vor so langer Zeit hatte kämpfen müssen; und es fiel kaum ins Gewicht, daß für Ludwig im Gegensatz zu Auerbach der Prozeß der jüdischen Emanzipation mehrere Generationen zurücklag. In seiner Behandlung der beiden deutschen Kulturgrößen, Goethe und Schiller, ging Ludwig auf die Unterschiede zwischen beiden ein; vereint sah er sie jedoch in ihrer Zurückweisung des Nationalismus und der Ahnenverehrung. Patriotismus, Klerikalismus und

Aristokratie, so Ludwig, hatten sich überlebt.[30] Diese Worte wären hundert Jahre zuvor angebracht gewesen; bei ihrer Veröffentlichung im Jahre 1924 hatte der in ihnen ausgedrückte Liberalismus seine beste Zeit hinter sich. Rückblickend will es fast bizarr anmuten, daß Stefan Zweig eine Biographie von Erasmus verfaßte (1934), um gegen die Intoleranz und die Konfrontationspolitik seiner Zeit zu protestieren. Der Humanismus, so schrieb er, erfahre eine ständige Bedrohung durch die Leidenschaft.[31]

Sowohl Zweig als auch Ludwig waren zur Enttäuschung verurteilt. Zweigs wachsende Bitterkeit endete schließlich im Selbstmord; Ludwigs Reaktion auf das Dritte Reich war komplexer und differenzierter. Seine Liebe zur Biographie drohte in eine unkritische Bewunderung für starke Leitfiguren auszuarten. Als natürliche Folge seiner fast ausschließlichen Beschäftigung mit dem Individuum war er immer schon von der Existenz des Genies überzeugt gewesen. Als er Mussolini und Stalin interviewte, schlich sich ein Ton der Achtung und Ehrfurcht in die Beschreibung der Diktatoren. Er hob ihre Leistungen hervor, um, wie er erklärte, ein realistisches Bild zu zeichnen. Dabei entsprang seine Bewunderung für Mussolini und Stalin nicht so sehr einem deplazierten Realismus als vielmehr der journalistischen Versuchung, mit dem Strom zu schwimmen, was ihm nicht zuletzt durch sein individualistisches Verständnis von Geschichte erleichtert wurde. Für denjenigen, der glaube, daß die Geschichte von Persönlichkeiten bestimmt wird, schrieb Ludwig in seinem »Führer Europas nach der Natur gezeichnet« (1934), müsse eine Regierung von 400 mittelmäßigen Männern fremder sein als die eines hervorragenden Diktators. Im selben Atemzug prophezeite er jedoch das Ende des Nationalismus und verurteilte die kriegerische Erziehung der Jugend.[32] Diese Unbeständigkeit unter dem Druck des Nationalsozialismus bewies ein Unbehagen gegenüber dem Bildungsideal, dessen frühere Wurzeln nun unwiederbringlich verloren waren. Es war nicht leicht, allein vorn auf der Bühne zu stehen, nachdem alle anderen abgetreten waren. Ludwigs ambivalente Haltung Mussolini und Stalin gegenüber entsprang letztendlich dem Scheitern seines Versuchs, mit Hilfe seiner Ideale Einfluß auf das deutsche Volk auszuüben, wenngleich sich seine Bücher auch millionenfach verkauft hatten.

Zweigs Haltung blieb konsequenter; 1937 faßte er zusammen, was das Judentum für ihn bedeutete. Er wolle nicht, daß das Judentum seine universale und überstaatliche Eigenschaft aufgebe, um sich auf seine hebräische und nationalistische Vergangenheit zurückzuziehen. Er sei der Überzeugung, daß das jüdische und das menschliche Element identisch bleiben müßten.[33] Das Jüdische verstärkte das Menschliche; ja, hierin lag seine Hauptaufgabe. Schon viel früher hatte Emil Ludwig in Martin Bubers Zeitschrift »Der Jude« (1925) seine jüdischen Zeitgenossen wegen ihres Idealismus und ihres Engagements für eine europäische Einheit nicht das Salz der Erde, sondern den »Pfeffer Europas« genannt.[34] Beide Autoren behaupteten im wesentlichen den gleichen Standpunkt und begriffen ihre Aufgabe ähnlich. Als Österreich 1938 vom Nazi-Reich annektiert wurde, schrieb Stefan Zweig mit Hinweis auf seinen vier Jahre zuvor entstandenen »Erasmus«, daß Gebildete wie er zu erasmisch seien, um sich gegen Männer durchzusetzen, bei denen ein Sturmblock die Stelle von Stirn und Gehirn einnehme. Gegen die vom Nationalwahn Besessenen könnten nur die ihrerseits Besessenen standhalten; er und seinesgleichen seien durch Menschlichkeit vergiftet.[35]

Es galt, das Humanitätsideal an die deutschen Massen weiterzugeben, und es gelang Ludwig und Zweig auch, eine neue Leserschaft zu gewinnen – Männer und Frauen, in deren Leben Bücher bislang keine Rolle gespielt hatten. Die beiden Autoren erreichten ein breites Lesepublikum, drangen zum deutschen Volk vor, doch lasen die meisten ihre Bücher wie eine spannende Kriminal- oder Abenteuergeschichte. Oft hatte der Massenverkauf von Büchern nur wenig mit ihrer eigentlichen Wirkung zu tun. So war Erich Maria Remarques antimilitaristischer Kriegsroman »Im Westen nichts Neues« (1929) einer der unbestrittenen Bestseller der Weimarer Republik. Die deutsche Rechte startete daraufhin einen konzertierten Angriff auf das Buch und den gleichnamigen Film, jedoch ohne großen Erfolg. Allerdings hätte sie sich die Mühe sparen können, denn die politische Wirkung des Buches war kaum erkennbar. Das spielerische Wesen und das konspirative Vergnügen unter Remarques jungen Soldaten bewirkten, daß das Buch oft wie die Abenteuergeschichte von Schuljungen gelesen wurde.[36] Ludwig und Zweig besaßen die Fähigkeit, ihr Schreiben dem populären Geschmack anzupassen; ihren Erfolg erzielten sie damit jedoch auf Kosten ihrer Botschaft.

Ihr Unvermögen, das selbstgesteckte Ziel zu erreichen, sowie die Gründe für dieses Versagen veranschaulichen die weitere Isolierung der deutschen Juden in Deutschland. Dabei spielte die Haltung, die Ludwig und Zweig gegenüber den Massen an den Tag legten, eine ausschlaggebende Rolle. Sie leitete sich aus den Idealen her, die sich das Bildungsbürgertum im Zeitalter der jüdischen Emanzipation zunächst zu eigen gemacht hatte, die es jetzt jedoch zugunsten der Volksgemeinschaft rasch wieder fallen ließ. In seiner Beschreibung von Christi Leben »Der Menschensohn« (1929), dem von allen seinen Büchern am wenigsten erfolgreichen, konfrontiert Emil Ludwig den Moralisten Christus mit den Massen, die danach lechzen, ihn gekreuzigt zu sehen. Die Menge, weiß Ludwig, schreit immer nach Blut, »noch nach zweitausend Jahren wird sie so schreien«.[37] Die Konzentration auf eine individuelle Figur wies den Massen notwendigerweise eine untergeordnete Rolle zu; in dem sich entfaltenden Drama sind sie kaum mehr als Statisten.[38] Wie die meisten Bildungsbürger seiner Zeit fürchtete Ludwig die nivellierende Kraft der Masse. Er verurteilte sowohl das Bündnis zwischen Sozialdemokraten und Armee, das die radikale Revolution des Jahres 1919 niederwarf, als auch die Revolution selbst. Stattdessen, forderte er, müsse der unbewaffnete Geist die Lohnsklaven revolutionieren und alle Nationen vereinigen. Der wahre Feind sei der neuerwachte Militarismus.[39] Hier befand sich Ludwig in nächster Nähe zu einigen Linksintellektuellen und ihrem Revolutionsideal, das von der Aktivierung des kategorischen Imperativs im Menschen ohne den Einsatz von Gewalt ausging.

Voller Entsetzen blickte Stefan Zweig auf die Massen, die er »dämonisch« nannte. In seinen Augen bildete der volksweite Enthusiasmus, mit dem der Ausbruch des Ersten Weltkriegs aufgenommen wurde, den Verrat der Vernunft an die Massenleidenschaft. Die darauffolgende Revolution war für ihn ein Ausdruck des unreinen Machtstrebens unlauterer Individuen. Wegen der großen Anzahl revolutionär gesinnter Juden befürchtete er eine Woge des Antisemitismus.[40] Wie schon Auerbach vor ihnen versuchten Ludwig und Zweig eine Schwächung der Massen durch Auflösung in einzelne. Persönliche Freundschaften bildeten die einzigen menschlichen Bindungen, die Zweig anerkannte. Er war überzeugt, daß sich die Menschheit nicht in der Masse, sondern als Individuen auf die Unversalität zu entwickeln würde.[41]

Diese Reduzierung der Massen auf den einzelnen Menschen war den wichtigsten politischen und kulturellen Strömungen der Nachkriegsjahre fremd. Die Sehnsucht nach Führung, dank derer Ludwigs und Zweigs Biographien zu Ruhm gelangten, war ihrerseits eng verknüpft mit dem Streben nach einem sinngebenden Glauben, um den herum sich die Deutschen vereinigen und in dem sie während jener Krisenjahre Zuflucht finden konnten. Die Mobilisierung der Massen mit Hilfe von nationalen Mythen und Symbolen und dem Führerideal, in dem ein solcher Mythos- und Symbolglaube ebenfalls steckte, waren Ludwigs und Zweigs Denkweise fremd. Darüber hinaus bewirkte das Primat der Kultur – ein wesentlicher Bestandteil des Bildungsprinzips – eine noch größere Entfremdung von Massenkultur und Massenpolitik. Stefan Zweig spürte diese wachsende Isolierung, als er 1925 an Emil Ludwig schrieb: »Manchmal bedrückt mich das Gefühl, wir encyclopädische, die Bildung leidenschaftlich erweiternde Menschen seien schon etwas Fossiles.«[42]

So wie Ludwig und Zweig die Massen auf das Individuum reduzierten, trafen sie auch eine strenge Unterscheidung zwischen Kultur und Politik – als potentielle Außenseiter erkannten sie in jeder totalitären Bestrebung wohl die Gefahr der Nivellierung. Stefan Zweigs Biographie von Joseph Fouché (1929) war, wie er selbst es darstellte, gegen eine Politik gerichtet, die nicht an Ideen glaubt, mit anderen Worten, die Politik des heutigen Europa.[43] Zweig wollte von der Überzeugung nicht lassen, die Kultur müsse die Politik bestimmen und dem politischen Leben solle ein moralischer Zweck innewohnen.

Die Befürwortung der Kultur als Hüterin der Moral schloß offene politische Aktion aus; die individuelle Bildung würde als letzter Ausweg alle Lebensprobleme lösen. Ludwig vermied jegliche politische Betätigung, während Zweig sich mit einem gewissen Stolz als unpolitisch bezeichnete.[44] Zweig nahm nie an Wahlen teil und weigerte sich aus Furcht, dies könnte als politische Handlung verstanden werden, Protesterklärungen gegen die Nationalsozialisten zu unterschreiben. Auf die Krise könne man nur mit einem »stillen, entschlossenen Beharren« reagieren, schrieb er im Mai 1933 an Klaus Mann.[45] Während des Ersten Weltkriegs war Zweig militanter Pazifist gewesen, und er unterstützte wie Ludwig die Weimarer Republik. Doch war beider Waffe die Kultur, nicht die Politik. Eine derartige Trennung lief jedoch dem unter dem Volk verbreiteten Wunsch nach einer allumfassenden Ideologie und dem allgemeinen Bedürfnis nach einer Zivilreligion zuwider, die alle Aspekte des Lebens vereinen sollte.

Ludwig und Zweig versinnbildlichten die Entfremdung der deutsch-jüdischen Tradition von der Volkskultur. Sie waren unfähig, über ihre eigenen Ideale hinauszusehen und die Wünsche und Sehnsüchte des Volkes zu begreifen. Ihre Überzeugung, daß die moralischen, geistigen und intellektuellen Fähigkeiten einzelner den Lauf der Ereignisse bestimmten, war zu fest verankert und deshalb nicht leicht ins Wanken zu bringen. Trotz allem waren Toleranz, Mitgefühl und Weltoffenheit innerhalb der deutschen Volkskultur nicht unbekannt. In der Tat hatten Autoren, die Ende des neunzehnten und Anfang des zwanzigsten Jahrhunderts eine enorme Beliebtheit genossen, wie die Marlitt (Eugenie John) und Ludwig Ganghofer, religiösen Dogmatismus angegriffen, sich für die Würde des Individuums stark gemacht und Toleranz gegenüber den Juden befürwortet. Die Volksliteratur in Deutschland war vorwiegend liberaler Prägung; ein Beispiel dafür bildet die Zeitschrift »Die Gartenlaube«, die auf dem Höhepunkt ihre Beliebtheit während der Jahrhundertwende eine Auflage von fast einer halben Million erreichte und in der während der längsten Zeit ihres Bestehens die Tradition der Revolution von 1848 weiterlebte. Völkische und antisemitische Literatur erreichte nie eine vergleichbare Popularität.[46]

Wenn man die Lobeshymne der »Gartenlaube« auf Lessings »Nathan der Weise« und die rühmende Behandlung Kants und seiner Erhebung der Vernunft liest[47], sollte man denken, daß Ludwig und Zweig bei ihren Bemühungen um eine Beeinflussung der Volkskultur auf weniger Hindernisse gestoßen wären. Doch standen die Ideale der deutschen Volksliteratur nicht in einem Vakuum, vielmehr waren sie eng mit der volkskulturellen Suche nach einem Glauben verbunden, der das gesamte Leben umfassen und Schutz und Sicherheit bieten würde. Die liberale Strömung innerhalb der deutschen Volkskultur war mit ihrer scheinbaren Gegenströmung durch eine revolutionäre Tradition verbunden, die in Deutschland tiefe Wurzeln geschlagen hatte. Die apokalyptische Geschichtssicht barg die Hoffnung auf ein neues Erwachen, auf die Überwindung der Geißeln, die dem Reich Gottes vorangingen, und auf den Anbruch ewiger Gerechtigkeit. Paracelsus und Jacob Böhme waren die Hauptpropheten der »Unterirdischen Revolution«, um mit Ernst Bloch zu sprechen, oder der »Deutschen Revolution«, wie die politische Rechte Deutschlands sie zur Abgrenzung gegenüber der Französischen Revolution nannte.[48]

Diese apokalyptische Tradition hatte auch Wilhelm Weitling und seinen »Bund der Kommunisten« inspiriert (den Karl Marx bei Beginn seines Lebenswerks vorfand), während Ernst Bloch sie im »Thomas Müntzer« (1921) für die Linke einzuspannen versuchte. Doch diente diese revolutionäre Tradition eher einer Stärkung der Rechten als der Linken, ließ sich doch die heilige Einheit von Gott und Natur, die im Mittelpunkt der apokalyptischen Vision stand, am schönsten durch das deutsche Volk als allgegenwärtige Utopie versinnbildlichen. Ausgangspunkt war die

Existenz einer germanischen Kontinuität, die einen Durchbruch schaffen, den Stillstand der Zeit herbeiführen und die Überwindung des Todes bewirken würde. Dann würde ein neues Erwachen die Schöpferkraft jedes einzelnen freisetzen und eine Gesellschaft der Sittlichkeit und der Toleranz entstehen lassen. Ehe dies jedoch möglich war, galt es den Feind zu vernichten – das Land mußte Zeiten der Unruhe durchleben, bevor das Tausendjährige Reich beginnen konnte.[49]

Man vertagte das liberale Utopia der Volkskultur auf das Ende der Zeiten. In der Zwischenzeit würde man schon einmal den Weg bereiten, indem man Juden und andere Außenseiter aus dem deutschen Leben entfernte und gegen die Feinde Deutschlands in den Krieg zog. Hitler war notwendig, damit das Märchen beginnen konnte. »Das Werk, dran tausend Jahre gebaut, Das die größten Deutschen im Geiste geschaut, Nun soll es sich vollenden« durch die Selbstaufopferung der wenigen und die Taten eines einzigen, Adolf Hitler.[50] So existierte das Dritte Reich zwar noch nicht, befand sich aber ständig an der Schwelle zur Realisierung und damit kurz vor der Beherrschung der Erde, wie sie im Buch Daniel prophezeit wird. Daß die Deutsche Revolution der politischen Führung gelegen kam, um unpopuläre politische Aktionen zu erklären und die Massen zu mobilisieren, war offensichtlich; außerdem trug sie zu einer weiteren Stärkung der politischen Rechten bei, die sich diese Tradition zunutze machte.

Die Ideale eines Stefan Zweig und eines Emil Ludwig hatten nichts mit dieser revolutionären Tradition zu tun, und nichts deutet darauf hin, daß die Autoren deren Macht erkannten. Die Bildungs- und Aufklärungsideale und der ihnen innewohnende moralische Imperativ standen im Widerstreit zu dieser tiefen Strömung völkischer Frömmigkeit. Ernst Bloch und Martin Buber gehörten jedoch zu den wenigen deutschen Juden, die die unheilvollen Vorzeichen richtig deuteten und in ihr eigenes Denken einbrachten. Trotz seiner späteren Berühmtheit war Bloch dabei eine einsame Gestalt unter den Linksintellektuellen. Beginnend mit seinem »Thomas Müntzer« (1921) versuchte er die apokalyptische Tradition so einzusetzen, daß sie dem Marxismus eine explosive Vision, radikale Hoffnung und Offenheit gegenüber dem »Noch-Nicht« verlieh.[51] Diese Hoffnungsvision sollte den Klassenkampf beflügeln, nicht ersetzen.

Im Gegensatz dazu bemühte sich Martin Buber um eine Verschmelzung dieses Germanismus mit jüdischer Tradition. Es war kein Zufall, daß Buber seine Doktorarbeit über Jacob Böhme schrieb und daran die fortdauernde Relevanz des germanischen Mystizismus demonstrierte. Worin auch die Verbindung zwischen der jüdischen Tradition und Bubers Werk über den Chassidismus bestand, das ab 1906 veröffentlicht wurde, in Teilen war das Werk sicher von dieser »Unterirdischen Revolution« beeinflußt. Die Erzählungen der Chassidim fanden kurz vor Ausbruch des Ersten Weltkriegs enthusiastische Aufnahme bei jungen Juden, eben weil sie in ihnen eine jüdische Volkskultur vorfanden, die ihr Verlangen nach Mythischem stillen konnte. Buber bot eine kongeniale jüdische Tradition, die durch die deutschen Mystiker bereits vertraut war. Er räumte mit der unangenehmen Ghettovergangenheit auf, indem er den jüdischen Mystizismus mit einer achtbaren deutschen Mystik- und Apokalypsetradition gleichsetzte, gleichsam eine Bereinigung der Chassidim für eine Benutzung durch die emanzipierten Juden vornahm. Plötzlich entdeckte der junge Georg Lukács seine möglicherweise chassidische Abstammung, und Walther Rathenau wurde unter demselben Einfluß für sehr kurze Zeit zum eifrigen Hebräischstudenten. Bei diesen Männern handelte es sich um hochgradig assimilierte Juden, die keineswegs die Absicht hegten, Deutschland den Rücken zu kehren.[52] Es ließe sich hier allerdings anmerken, daß Bubers Chassidim durch die Anpassung einer jüdischen an eine deutsche Tradition weder auf das eine noch das andere verzichten mußten, wenn auch das Deutsche wohl in gewisser Hinsicht aufgrund des literarischen Stils, in dem die Erzählungen abgefaßt waren, das Jüdische beherrschte.

Diese chassidischen Erzählungen stellten eine Alternative zu den Hauptströmungen der deutsch-jüdischen Tradition eines

Stefan Zweig und eines Emil Ludwig dar, und Buber war sich dessen sehr wohl bewußt. Der traditionelle Bildungsbegriff, schrieb er, sei zwar einzig und allein zukunftsgerichtet, doch genüge es nicht mehr, auf etwas zuzugehen, man müsse auch von etwas ausgehen.[53] Diese scharfsichtige Kritik schien während des Dritten Reiches, als Buber das Problem ansprach, durchaus berechtigt, doch hatte ja der Bildungsbegriff, gerade weil er einen gemeinsamen Ausgangspunkt mit den Deutschen unnötig machte, eine derart wichtige Rolle im Prozeß der jüdischen Emanzipation gespielt. Die Kinder des Ghettos konnten Aufnahme in die deutsche Kultur finden und ihre belastete Vergangenheit hinter sich lassen. Für Buber stellte das Volk den Ausgangspunkt seiner Gedanken dar, doch war seiner Vorstellung nach das jüdische Volk bei aller Ähnlichkeit zum deutschen weder engstirnig noch chauvinistisch und tolerierte viele verschiedene Standpunkte. Außerdem bildete das Volk nur den ersten Schritt in Richtung auf eine gemeinsame Menschheit.[54] Somit war Bubers Ziel trotz unterschiedlichem Ausgangspunkt dem in Lessings »Nathan der Weise« befürworteten nicht unähnlich. Mochte er sich auch für eine nationale Mystik starkmachen, so bezog Buber doch großen Einfluß aus den älteren Bildungs- und Aufklärungsgedanken.

Martin Bubers deutsch-jüdisches Traditionsverständnis hatte seine Zukunft in den zionistischen Bewegungen, während die deutsch-jüdische Tradition, mit der wir uns hier bislang befaßt haben, jenseits von Religion oder Nationalismus lag. Beide verfügten jedoch über gemeinsame Wesenszüge, und bedeutende Persönlichkeiten bewegten sich ohne Schwierigkeiten zwischen den beiden Traditionen hin und her – Männer wie der Sozialist und Individualist Gustav Landauer, der im jüdischen Volk ein Zuhause fand, und Gershom Scholem, der sein Interesse an jüdischem Mystizismus mit dem Bildungsideal und der unablässigen Übung eines kritischen Verstandes verband. Bei ihm nahm der jüdische Mystizismus sozusagen den Platz des Universalismus ein.[55] Die Zusammenhänge zwischen diesen beiden Traditionen bedürfen noch weiterer Untersuchung.

Es bestand also einerseits eine deutsch-jüdische Tradition, die ungeachtet ihrer spezifisch jüdischen Anteile darüber hinaus auch Einflüsse aus der deutschen Volkskultur bezog – nämlich der utopisch-revolutionären Komponente im Verbund mit deren Betonung des Glaubens und seinem Interesse an einer Lebenstotalität. Die andere Tradition war dagegen nicht nur entfremdet von der Volkskultur als Glauben, sondern war bar jeden Verständnisses für die revolutionären und utopischen Komponenten dieser Kultur. Martin Buber benutzte seinen Mystizismus als Haupttriebfeder für die zionistische politische Aktion, während das Primat der Kultur für Ludwig und Zweig auch weiterhin politische Aktivität ausschloß.

Wenn auch Martin Buber die von Zweig und Buber vertretene Sichtweise einschränkte, so verlor er doch die Idee eines allgemeinen Menschheitsideals nie aus den Augen. Aber es gab unter den deutsch-jüdischen Intellektuellen auch einige, die bereit waren, die liberale Kultur zugunsten einer völkischen Vision aufzugeben. Jakob Wassermann, der während der Jahre zwischen den beiden Weltkriegen als Schriftsteller eine ebenso große Beliebtheit genoß wie Zweig und Ludwig, ist ein gutes Beispiel für eine solche Haltung. Seine Bitterkeit war schließlich eher die eines zurückgewiesenen Liebhabers als Folge der verlorenen Hoffnung auf den Sieg von Bildung und Humanität. Wassermann verstand sich als ein die deutsche Seele auslotender deutscher Schriftsteller, der die engen und gewundenen Straßen uralter Provinzstädtchen durchwanderte, um die griesgrämigen Männer und Frauen dort unter die Lupe zu nehmen. Das Bild des Volkes war ihm in die Seele eingegraben, wie er 1915 schrieb, während die Moderne die magnetische Kraft der Liebe zum heimatlichen Boden und dessen Bräuche bedrohte.[56]

Um seine Glaubwürdigkeit als deutscher Schriftsteller zu beweisen, schrieb Wassermann den Roman »Caspar Hauser« (1908).[57] Dies ist die Geschichte eines geradewegs der Märchenwelt entstammenden Jungen, der scheinbar aus dem Nichts kommend in einer Kleinstadt auftaucht; der Junge spricht mit der unverfälschten Stimme der Natur und glaubt an das Gute und Schöne in allen Menschen. Als ein lebendig gewordener Mythos wird Caspar Hauser von Menschen verfolgt, die seine Unschuld und Schönheit nicht dulden wollen, deren ständiges Bedürfnis es ist, zu forschen und zu hinterfragen, und die versuchen, ihn in ihrem Netz offizieller Bestimmungen und Regeln zu fangen.[58] Schließlich wird er von einem Fremden ermordet; Wassermann deutet zwar an, daß Caspar Hauser ein Prinz gewesen sein könnte, doch bleibt sein Leben letztlich unter dem Schleier des Geheimnisses verborgen. Die dunklen Mächte der Seele verlieren gegen die banale Realität: Ohne Zweifel bildet Wassermann den Gegenpol zur rationalen und optimistischen deutsch-jüdischen Tradition.

Wassermanns Werk geht Leichtigkeit jeder Art vollkommen ab. Sein berühmtester Roman, »Gänsemännchen« (1915), ist voller Figuren, die durch die zwanghafte Untersuchung ihrer eigenen und anderer Menschen Seelen am Rande des Irrsinns stehen. Ihr Leiden ist allumfassend und entspricht den kleinen, gewundenen Gassen der alten Provinzstadt, in der die Handlung stattfindet. Das Ende aber ist romantisch und glücklich – der Held, ein Musiker, im Kreise seiner ihm treu ergebenen Studenten, hat durch seine Musik zu innerer Harmonie gefunden und die emotionale Agonie und die materiellen Entbehrungen überwunden.

Wassermann litt an seinem Judentum und an seinen Mitjuden. Nicht nur waren Juden die »Jakobiner der Epoche«, wie er in seiner Autobiographie klagte, er haßte auch jene Entwurzelten, die er »Kulturjuden« schimpfte[59] – jene Juden also, um die es uns hier in erster Linie geht. Er selbst hatte überhaupt keine jüdische Erziehung genossen und verspürte keinerlei religiöse oder nationale Solidarität mit seinen jüdischen Zeitgenossen; eine Eigenschaft, die er allerdings mit vielen der von ihm Mißbilligten teilte. Sein Judentum war außerdem abhängig von einer Innerlichkeit, nach der er inständig forschte, bis er sie in einer sogenannten Synthese zwischen einem vagen jüdischen »Orientalismus« und der deutschen Seele fand. Wassermann mißt die vermeintliche deutsche Realität an diesem Ideal in »Mein Weg als

Deutscher und Jude« (1921) – ein Buch, das fälschlicherweise oft als typisch für die deutschen Juden gilt.

Die Synthese versagte. »Caspar Hauser« blieb die Anerkennung als der große deutsche Roman seiner Zeit vorenthalten, und in »Mein Weg als Deutscher und Jude« holt Wassermann zum Schlag gegen den deutschen Judenhaß aus, dem er die Schuld für dieses Scheitern gibt. Dabei stellte er diesem Haß nicht, wie so viele deutsch-jüdische Intellektuelle es taten, die Toleranz und Rationalität Frankreichs gegenüber, sondern verglich ihn mit der vermeintlichen Liberalität Nachkriegs-Österreichs – eine bizarre Gegenüberstellung, die Aufschluß über sein paranoides Selbstverständnis als deutscher Schriftsteller gibt.[60] Den Juden selbst schob er wegen ihrer »unverkennbaren jüdischen Eigenschaften« – Labilität, Materialismus und Verschlagenheit – eine gehörige Portion Schuld an diesem Judenhaß zu.[61] Mit bemerkenswerter Unbefangenheit ging Wassermann von der Erforschung der Seele der Menschen zur Übernahme ihrer Stereotypen über. Diese intensive Beschäftigung mit der »deutschen Seele«, mit den angeblichen Geheimnissen, die unterhalb der Oberflächlichkeiten des Alltagslebens dahinströmten, förderte die Verwendung eines naheliegenden und durchsichtigen Symbolismus. So fliegt, kaum hat der Held im »Gänsemännchen« sich zur Heirat entschlossen, eine Fledermaus zum Fenster hinein und verkündet den Zeitpunkt, an dem seine zukünftige Frau all seine Musik verbrennen wird.

Heute sind Wassermanns Bücher so gut wie vergessen, doch zu seiner Zeit stand er mit Thomas Mann, einer der berühmtesten Schriftsteller Deutschlands, auf gleicher Stufe. Der Grund für das Schwinden seines Ruhms liegt auf der Hand – seine Bücher wurden von einer Welle völkischer Seelenschau getragen. Wassermanns Pessimismus hinsichtlich seiner eigenen deutsch-jüdischen Symbiose war unangebracht; er war nur ein zu deutscher Schriftsteller. Bezeichnenderweise kritisierte Zweig Wassermann für seine Innerlichkeit und fehlende Offenheit gegenüber der übrigen Welt.[62] Aber Zweigs Kritik war überzogen; trotz seiner völkischen Idealvorstellungen war Wassermann überzeugt, daß sein enges Interessenfeld eine umfassendere Menschheitsvision nicht ausschließe. Obwohl das Bild des Volkes angeblich in jede Seele eingebrannt war, warb Wassermann in Aufsätzen und Reden für eine »echte Humanität«, die sich auf der Liebe zu allen Menschen gründete.[63] Durch Engagement für das eigene Volk ließ sich die Selbstsucht überwinden und damit ein Schritt in Richtung auf solch eine echte Humanität tun.[64] In seinen Romanen klingt dieses Thema jedoch nur unterschwellig an; der einzelne bleibt fest im deutschen Volk verankert.[65] So war auch Wassermann von einer umfassenderen Idee der Selbstverwirklichung berührt, die, wenn auch unsicher schwankend, innerhalb der deutsch-jüdischen Geistestradition stand.

Wassermanns versuchte Annäherung an das deutsche Volk unterschied sich von der eines Berthold Auerbach, Emil Ludwig oder Stefan Zweig. Jene hatten das deutsche Volk idealisiert, indem sie ihm die selbst entworfene Gestalt eines weltoffenen und gebildeten Mittelstandes verliehen. Wassermann bewegte sich in größerer Nähe zu den mystischen und apokalyptischen Strömungen innerhalb der deutschen Volkskultur, wenn er auch deren bisweilen aggressive Absichten oder revolutionäre Botschaft nicht teilte. Wassermann und Buber wehrten sich – der eine ansatzweise, der zweite mit Nachdruck – gegen den Ausschließlichkeitsanspruch, den die deutsche Volkskultur auf Wahrheit und Herrschaft erhob. Obwohl Wassermann die Weimarer Republik unterstützte, stand er im Gegensatz zu Zweig oder Ludwig nicht nur revolutionärer Gewalt, sondern jeglicher politischen Radikalität ablehnend gegenüber – eine Ablehnung, die aus der Teilnahme so vieler Juden an den Nachkriegsrevolutionen herrührte. Jene Menschen hielt er für Opportunisten, die ihr Leben in »wesenloser Opposition« vergeudet hätten, Fanatiker, die nun nicht mehr als menschliche Skelette seien.[66] Wassermann fürchtete und verabscheute die Wurzellosigkeit, die die jüdischen Revolutionäre in seinen Augen symbolisierten, weil er hierin ein Hindernis zu seiner eigenen Bestätigung als deutscher Schriftsteller betrachtete. An diesem Punkt entfernte sich Wassermann von der Bildungs- und Aufklärungstradition, dank derer Ludwig und Zweig eine verständnisvollere Position gegenüber einer friedlichen Revolution eingenommen hatten.

Doch in seinem deutschen Engagement weigerte er sich, ähnlich wie Buber in seinem Glauben an ein jüdisches Volk, den politischen Zusammenhang zu erkennen, wenn auch eine Verbindung zu Strömungen innerhalb der deutschen Volkskultur bestand. Beide Schriftsteller akzeptierten zwar einen Patriotismus in der Prägung des neunzehnten Jahrhunderts, nicht aber den Nationalismus der Nachkriegsjahre, den die politische Rechte verstärkt vereinnahmte. Darüber hinaus war ihr Denken immer von einem allgemeinmenschlichen Anliegen bestimmt, das im Mittelpunkt von Bubers Zionismus lag und eine nurmehr periphere Rolle in Wassermanns Identifikation mit Deutschland spielte. Bubers Verflechtung mit der Hauptströmung der deutsch-jüdischen Tradition war viel stärker als die Wassermanns. Die entsprechenden Haltungen, insbesondere die Idee des Nationalismus als Patriotismus, in der alle Nationen nur einen Teil der gemeinsamen Menschheit bildeten, nahmen noch zu ihren Lebzeiten in Windeseile archaische Züge an. Möglich, daß der Außenseiter, der durch die Emanzipation Zugang zur Gemeinschaft gefunden hatte, sich niemals von der Tradition seiner Emanzipation lösen konnte. Trotz der unbestreitbaren Anziehungskraft, die die Volkskultur auf ihn ausübte, konnte er den dazugehörigen Glauben nicht teilen, weil ihm die für diesen Glauben so wesentliche geschichtliche Vergangenheit fehlte. Diejenigen, die in »Nathan der Weise« Trost fanden, standen immerhin auf festerem Boden als die Juden, die den Sprung in die deutsche Volkskultur wagten – nicht um diese zu läutern, sondern um mit dem Strom zu schwimmen.

Die Unfähigkeit Zweigs und Ludwigs, in einen wirksamen Kontakt mit der Volkskultur zu treten, entspricht der Position nicht nur dieser Autoren, sondern ebenso vieler gebildeter und einflußreicher deutscher Juden. Sie hielten Ideale aufrecht, die zwar die jüdische Emanzipation genährt hatten, jedoch zur gegenwärtigen Zeit keine fruchtbare Vergangenheit mehr darstellten. Außerdem begingen sie den Fehler, das deutsche Bürgertum mit dem deutschen Volk gleichzusetzen, da sich ihre Kenntnis im Grunde auf ersteres beschränkte – ein Ergebnis der erfolgreichen Emanzipation der Juden innerhalb des deutschen Mittelstands. Doch in den Jahren nach dem Ersten Weltkrieg entfernte sich das jüdische Bürgertum immer weiter von den auf den deutschen Mittelstand einwirkenden Haupteinflüssen.

Emil Ludwigs Biographien überlebten den Zweiten Weltkrieg nicht, und heute werden zwar Stefan Zweigs Romane, nicht aber seine historischen Werke neu aufgelegt. Ohne Zweifel war Zweig der bessere Schriftsteller; Ludwigs atemloser Stil gibt seinen Büchern etwas Seichtes, wenn auch beide in einem heute nicht mehr zeitgemäßen hyperbolischen Stil schrieben. Die Jahre nach dem Zweiten Weltkrieg begünstigten stattdessen die Neuentdekkung von Autoren wie Kafka, dessen Behandlung existentieller Lebenssituationen keine eindeutigen Lösungen zuläßt. Außerdem hatte sich die Geschichtsschreibung geändert, und selbst für populäre Geschichtswerke wurden genauere Forschungen angestellt, so daß die Bedeutung des entscheidenden Augenblicks oder das Wirken eines gerechten Schicksals in den Hintergrund traten. Und doch zeichnete Zweig ein denkwürdiges Bild der Vergangenheit in dem einen Buch, das all seine anderen überdauert hat: »Die Welt von Gestern« (1944), kurz vor seinem Tod vollendet und posthum erschienen. Hier lieferte er eine panoramatische Darstellung, anstatt die Geschichte dramatisch aufzuarbeiten, und verließ sich auf die eigene Beobachtung von Menschen und Ereignissen. Obwohl es eine Autobiographie sein sollte, versagte ihm seine zurückhaltende Bescheidenheit die für seine Biographien sonst typische Konzentration auf den persönlichen Charakter. Da es Emil Ludwig hingegen nie gelang, sich über seinen persönlichen Stil hinauszuentwickeln, unterscheidet sich seine Autobiographie nicht von seinen anderen populären Werken.

Trotz allem war das jüdische Selbstverständnis, um dessen Vermittlung es den meisten dieser deutsch-jüdischen Schriftsteller wie Zweig und Ludwig ging, so wenig verloren wie Wassermanns Streben nach einer Verwurzelung. In der Tradition der

Bildungs- und Aufklärungsidee boten sie eine Alternative zu der sich verengenden kulturellen und politischen Sichtweise ihrer Zeit. Ihre wahre Bedeutung besteht dabei in dem Bemühen um eine Annäherung an die Volkskultur. Es gelang einigen Juden, zu Bestseller-Autoren zu werden und auf dieser Ebene einen Dialog mit dem deutschen Volk anzuknüpfen, wenn auch der Dialog selbst seinen Zweck verfehlte.

Im Gegensatz zu den um eine große Leserschaft bemühten Schriftstellern versuchten andere deutsch-jüdische Intellektuelle, den allgegenwärtigen Gefahren für das Bildungs- und Aufklärungsgut aus der Hochkultur heraus zu begegnen. Einige erinnerten die Deutschen an jene Ideale, indem sie die großen Autoren jenes Zeitalters lebendig hielten – Goethe, Schiller und Lessing riefen in den Deutschen die Erinnerung an die Herrlichkeit der Klassik wach. Gleichzeitig versuchten andere – zumeist Akademiker oder Privatgelehrte – Gelehrsamkeit und intellektuelle Autorität als Damm gegen jene Flut zu errichten, die alle rationalen und gebildeten Köpfe zu verschlingen drohte.

III

Intellektuelle Autorität und Gelehrsamkeit

Viele deutsche Juden hatten die Bindung an eine spezifisch jüdische Tradition aufgegeben, beabsichtigten aber deshalb noch keinen Übertritt zum Christentum. In den leeren Raum zwischen christlicher Tradition und Judentum als Offenbarungsreligion trat das Bildungsideal, an das sich das deutsche Bürgertum während der jüdischen Emanzipation hielt. Dieses Ideal erwies sich als bedeutungsvolles Erbe für einige der herausragendsten deutsch-jüdischen Intellektuellen. Schließlich bewegte sich der Glaube an den Individualismus und die Macht der menschlichen Vernunft immer weiter in den Hintergrund, während der Nationalismus – und damit eine Welt des Mythos und der Symbolik – sich an seine Stelle drängte.

Viele Juden weigerten sich, diese enge Sichtweise zu übernehmen; je heftiger das ältere Bildungsprinzip angegriffen wurde, desto leichter ließ es sich als ureigenster jüdischer Wesensgehalt annehmen. Zu einer Zeit, da viele Deutsche im Nationalismus eine weltliche Religion entdeckten, fanden die meisten mittelständischen Juden einen weltlichen Glauben – an das ältere, auf Individualismus und Rationalität basierende Bildungsprinzip. Jenes Denksystem, das die Förderung der jüdischen Emanzipation bewirkt hatte, barg für sie wohl immer noch die größte Hoffnung auf die Vollendung des emanzipatorischen Prozesses.

Deutsch-jüdische Schriftsteller, Journalisten und Intellektuelle waren weitgehend überzeugt, daß die Kultur die Politik bestimme, ein Relikt ihres Assimiliationsprozesses. Ein Verständnis für die Notwendigkeit von Massenpolitik im modernen Zeitalter fehlte ihnen völlig; sie waren Bildungsbürger, die sich bemühten, gute Staatsbürger zu sein. Wie tief die deutschen Juden sich diesem Bildungsengagement verpflichtet fühlten, werden wir an den Aktivitäten des jüdischen Kulturghettos unter den Nazis, dem »Jüdischen Kulturbund«, noch genauer sehen. Mit großer Entschlossenheit bemühte sich dieser, den »echten deutschen Geist«, wie er ihn nannte, durch die Aufführung von Lessings »Nathan der Weise« und von Dramen von Goethe und Schiller zu fördern. Als die Leitung jedoch den Versuch unternahm, hebräische oder osteuropäische Stücke in Übersetzungen einzuführen, blieb große Begeisterung weitgehend aus.[1]

Unablässig bestätigten die deutschen Juden ihre Selbsteinschätzung als Vertreter von Vernunft, Aufklärung und Bildung neu. Sie wandten sich gegen die reaktionäre und nationalistische Idealvorstellung von einer, wie es hieß, »schlichten, durch Verstandeskraft unverdorbenen Person mit reinem Herzen und voll guten Willens«.[2] Der ideale Deutsche der politischen Rechten war genau solch ein schlichtes Wesen, abhängig von Instinkt und Gefühl, provinzlerisch und engstirnig. Auch nach 1880, als eine neue Antisemitismus-Welle von beispielloser Heftigkeit über das Land ging, hofften deutsche Juden immer noch auf einen Sieg der klassischen deutschen Tradition über das Böse. Sie hofften darauf, daß deutsche Juden – ähnlich wie Hauptmann Alfred Dreyfus in Frankreich – schließlich rehabilitiert und als echte Staatsbürger anerkannt würden. Zwischen 1900 und dem Ersten Weltkrieg ließ die offene Judenfeindlichkeit tatsächlich erneut in spektakulärer Weise nach. In Frankreich war der Antisemitismus zur Jahrhundertwende sogar noch virulenter gewesen als in Deutschland[3], doch verfügte Deutschland im Gegensatz zu seinem Nachbarland nicht über wirksame Abwehrstoffe gegen die plötzlich hochbrandenden neuromantischen und nationalistischen Tendenzen – keine tiefgreifende cartesianische oder Aufklärungstradition, keine französische Revolutionstradition, die der Bedrohung auf Dauer Einhalt gebieten konnten.

Deutsche und jüdische Bildungsbürger bemühten sich, die deutschen Klassiker als wichtiges Bollwerk gegen die Vorherrschaft von Gefühl und Instinkt lebendig zu halten. Goethe, Schiller, Lessing, Herder und Fichte waren in den Augen von Juden wie Nichtjuden Helden, mythische Gestalten, anhand derer sich die deutsche Kultur definieren ließ. Um jedoch ihr eigenes Kulturverständnis zu untermauern, begannen die meisten Deutschen schließlich, sich in der Auslegung dieser Klassiker von den deutschen Juden abzuheben. So ließ die kulturelle Mehrheit in Deutschland einen Mann der Aufklärung wie etwa Herder nun als Propheten des Nationalismus erscheinen, und selbst Goethe, der die deutschen Befreiungskriege gegen die Franzosen nicht unterstützt hatte, galt als deutscher Patriot.[4]

Fichte bot sich für eine derartige Vereinnahmung geradezu an; seine berühmten »Reden an die deutsche Nation« (1807), unter napoleonischer Besetzung in Berlin gehalten, schlugen schrille nationale und judenfeindliche Töne an. Doch ist es bezeichnend für die Wertschätzung, die viele Juden diesen Klassikern auch weiterhin entgegenbrachten, daß die ersten deutschen Zionisten sich auf Fichte als geistigen Vorfahren beriefen und dazu aufriefen, alle sollten »kleine Fichtes« werden. Die jungen, von Martin Buber beeinflußten Zionisten legten jedoch Fichte anders aus als die meisten Deutschen. In den »Reden an die deutsche Nation« fanden sie nicht etwa Haß und Aggression, sondern Wegweiser für die Stärkung persönlicher Sittlichkeit durch nationales Engagement.[5] Der Nationalismus stellte in ihren Augen einen ethischen Imperativ dar, ein Mittel zur Entwicklung der individuellen Persönlichkeit. Der Fichte, den sie lasen, war nicht jener Fichte, in dem viele Deutsche den Befürworter des Staates als einziger moralischer, ethischer und politischer Autorität erblickten. Der Antizionist Hermann Cohen vertrat ähnliche Ansichten. Fichte war der erste, schrieb er, der das alttestamentarische Ideal einer Nation im Dienste universaler Freiheit erkannte.[6]

Auch die Auslegung anderer Klassiker führte viele Juden zurück in das Zeitalter, in dem diese Autoren gelebt und gewirkt hatten – eine Epoche, in der noch eine Verbindung zwischen

Nation, Freiheit und Individualismus bestanden hatte. Deutsche Zionisten wie Robert Weltsch nutzten den Fichte-Appell, um vor einem chauvinistischen Nationalismus zu warnen, nicht, um diesen zu fördern. Von jenen Zionisten abgesehen, spielte Fichte jedoch im Vergleich zu Lessing, Schiller und Goethe eine eher untergeordnete Rolle.

Besonders Friedrich Schiller galt als Befürworter von Weltbürgertum und Gleichheit sowie als Sprachrohr für humanitäre Ideale. Seine Freiheitsbegeisterung diente als Brücke zur europäischen Kultur, besonders für Juden in Osteuropa, die ihn auf Hebräisch oder Jiddisch lesen konnten. In diesem Zusammenhang war Schiller als Prophet von Freiheit und Gleichheit – als Dichter, der das Gefühl ansprach – von größerer Bedeutung als Goethe. Das Verlangen nach weltlicher Bildung in Osteuropa richtete sich deshalb in einer Umkehrung der herkömmlichen Reihenfolge auf »Schiller-Goethe«.[7]

Für deutsche Juden erfüllte Goethe aber eine noch wichtigere Funktion. Seine Vorurteile gegenüber den Juden im Frankfurter Ghetto waren ebenso vergessen wie Schillers gerissener Räuber Spiegelberg. Goethes Betonung der Freiheit des einzelnen, seine Ambivalenz gegenüber allen Formen von Nationalismus und nicht zuletzt sein Glaube an die Bildungsidee schienen der Assimilation der Juden förderlich zu sein. Vor allem aber verkörperte Goethe im Gegensatz zu Schiller den idealen Bildungsbürger aus dem Zeitalter der jüdischen Emanzipation. So bezeichnet Albert Bielschowsky in seiner bekannten Goethe-Biographie, von der zwischen 1895 und 1912 knapp 80000 Exemplare verkauft wurden, Goethes »reine Menschlichkeit« als das Ziel, nach dem die gesamte Menschheit streben solle.[8] Wenngleich ein Genie, galt Goethe als Musterbeispiel von Normalität; obwohl seine Gefühle ausgeprägter und seine Gedanken tiefschürfender waren als die seiner Mitmenschen, übte er in seiner Sprache Zurückhaltung, da er alles Extreme ablehnte.[9] Bielschowsky, wie so viele Goethe-Biographen Jude, erblickte in Goethe den Stellvertreter jenes Bürgertums, das die Emanzipation der Juden begrüßt hatte. »Bis jetzt ist Goethes Gestalt immer noch zu sehr unterirdischer Strom«, schrieb Bielschowsky im Jahre 1893, »man kennt seine Existenz, bewundert sie hie und da, aber man läßt sich nicht von ihr heben und tragen.«[10] Von Goethe, dem »Normalbürger« des klassischen Zeitalters, erhoffte man nun die »Heilung« des Bürgertums, das sich mit den Extremen von Nationalismus und Neuromantik infiziert hatte.

Daß deutsche Juden eine führende Stellung in Goethe-Gesellschaften einnahmen und eine so große Anzahl von Goethe-Biographien verfaßten, belegt nicht zuletzt die Bedeutung des Dichters für die Integration der Juden in die deutsche Gesellschaft. So begründete Ludwig Geiger, der Sohn eines berühmten, in der jüdischen Reformbewegung tätigen Rabbiners, im Jahre 1880 das Goethe-Jahrbuch; Mitte der zwanziger Jahre waren die jüdischen Mitglieder in der Berliner Goethe-Gesellschaft fast in der Mehrzahl.[11] Hier bot sich eine Brücke zur Anerkennung durch die Identifizierung mit Deutschlands kulturellem Ideal.

Weil Goethe immer stärker nationalisiert und romantisiert wurde und so Gefahr lief, in den antisemitischen Pantheon aufgenommen zu werden, sahen es die deutschen Juden als eine wichtige Aufgabe an, eine Verbindung zwischen Heinrich Heine und Goethe zu schaffen, dem Meister, der »dem Schein der Sonne bei heiterm Himmel« gleiche.[12] Heine war der zynische, ruhelose Jude, der für die Antisemiten die Zerstörung deutscher Werte symbolisierte. Das komplexe und weitgehend feindselige Verhältnis zwischen Goethe und Heine zeichnete sich auf einmal durch Respekt und dauerhafte Freundschaft aus; der angebliche Jünger Goethes, Heine, wurde zum Paradebeispiel für jüdische Assimilation. Durch diese enge Verknüpfung mit dem deutschen Weisen zähmte man den berühmtesten deutsch-jüdischen Schriftsteller zu jener Zurückhaltung und jenem harmonischen Ebenmaß, die man Goethe zuschrieb. Auf dem Höhepunkt der Goetheverehrung in den Berliner Salons, von gebildeten Jüdinnen geleitet, schrieb Rahel Varnhagen 1808 – enttäuscht und unglücklich darüber, als Jüdin, wie sie es sah, nie in die deutsche Kulturwelt aufgenommen zu werden –, Goethe begleite sie ihr ganzes Leben lang ohne Unterlaß; seine Stärke und Gesundheit vermittelten ihr eine Harmonie, wie sie sie selbst in ihrem Unglück und ihrer Zerrissenheit nie allein erreichen könne.[13]

Ein Jahrhundert später versinnbildlichte Goethe für die meisten Deutschen diese ausgewogene Harmonie nicht mehr. So beschrieb ein Schuldirektor 1903 in einer Rede bei der Abiturientenentlassung Goethe als Liebhaber von Natur und Kunst, beseelt von einem Glauben an das deutsche Volk.[14] Sicher waren auch einige Juden an der romantischen Verklärung Goethes beteiligt; Friedrich Gundolf schuf einen Mythos, der Goethe als »fleischgewordene Dichtung« bezeichnete.[15] Andere, darunter der Goethe-begeisterte Frankfurter Rabbi Nehemia Anton Nobel, eine der besonders charismatischen deutsch-jüdischen Persönlichkeiten, hoben vor allem Goethes Heiterkeit und sein künstlerisches Gefühlsleben hervor. Das Judentum und Goethe hätten viel gemeinsam, predigte Nobel im Jahre 1922, nämlich eine ausgewogene Weltsicht und die Überzeugung, daß jede Religion eine künstlerische Schöpfung darstelle.[16] Judentum und Bildung waren im zwanzigsten Jahrhundert so unerbittlich miteinander verflochten, wie sie es in den Predigten der Rabbiner während des Emanzipationszeitalters gewesen waren.

Wie bereits erwähnt, sollte Lessing unter den deutschen Juden eine bedeutende Rolle spielen. Berthold Auerbach dichtete: »Goethes und Schillers Flammen« stammten aus Lessings Werk.[17] Auf dem Höhepunkt der wilhelminischen Antisemitismus-Welle ging Auerbach daran, finanzielle Beiträge für ein Lessing-Denkmal zu sammeln, ein Versuch, den Gabriel Riesser viele Jahre zuvor hatte aufgeben müssen. In dem Aufruf erklärte Auerbach, das Denkmal solle in den Deutschen der Gegenwart die Erinnerung an eine edlere Vergangenheit wachrufen.[18] Solch ein Appell mag uns angesichts der starken nationalistischen und neuromantischen Strömungen rührend naiv anmuten, aber wir dürfen nicht vergessen, daß das wilhelminische Deutschland ein Zeitalter der Denkmäler war. Einige mokierten sich jedoch über die »Goethemanie«, während andere die wuchernde Ausbreitung von Standbildern aller Art – für Dichter, Generäle und Könige – bedauerten.[19] Mit der Gründung einer Gesellschaft zum Kampf gegen den Antisemitismus im Jahre 1893 unternahmen die Vorsitzenden der jüdischen Gemeinden endlich einen praktischeren Schritt gegen die gefährlichen Strömungen der Zeit. Durch die Verehrung der deutschen Klassiker hoffte man allerdings eine ebenso widerstandsfähige Wehr zu errichten, die die Menschen zurück zu Vernunft und Toleranz weisen sollte.

Dieser Rückgriff auf die Klassiker hinterließ kein dauerhaftes oder charakteristisches deutsch-jüdisches Erbe. Andere hielten sich auf ihrem Weg zwar ebenfalls an die Bildung und bezogen sich auf dieselbe geschichtliche Zeit, setzten aber, anstatt sich auf die Klassiker zu berufen, ihre eigene Gelehrsamkeit ein, um das irrationale Element zu bannen und durch rationale Durchleuchtung unschädlich zu machen. Diese Gelehrten sorgten für einen dauerhafteren Nachlaß als jene, die sich um eine Beeinflussung der Volkskultur bemüht oder sich auf die Autorität der deutschen Klassiker bezogen hatten. Ihre Opposition gegenüber den irrationalen Mächten ihrer Zeit sollte ganze Forschungsbereiche neu beleben, die Grenzen traditioneller Disziplinen erweitern und damit neue kulturgeschichtliche Impulse geben.

Dieser frische geisteswissenschaftliche Ansatz führte zu einer Wiederentdeckung des Mythos als Bestimmungsfaktor für menschliches und gesellschaftliches Handeln. Die Erforschung des Mythos wurde aus der Anthropologie, wo er eine Zeitlang eine führende Rolle gespielt hatte, in die Sozial- und Geisteswissenschaften übertragen. Damit war der Mythos nicht länger auf primitives Denken beschränkt, sondern erhielt aktuelle Relevanz als Feind, den es zu besiegen und auszurotten galt. In den Augen dieser Geisteswissenschaftler stellte die Faszination durch Mythen eine Bedrohung liberaler Werte dar.

Zu Beginn des zwanzigsten Jahrhunderts befand sich eine ganze Generation deutscher Denker auf der Suche nach einer Mythologie, die die unterdrückten Emotionen der Menschen als Gegengewicht zur kalten Vernunft wiedererstehen ließe. Eine derartige Mythologie erforderte ein Denken in sichtbaren, auf eigener Erfahrung beruhenden Kategorien, die immer schon die Massenkultur bestimmt hatten. Dieses Denken gründete sich auf vermeintlich ewige Wahrheit – den Urgrund des Menschen, nach dem sich seine Wünsche und Triebe richteten. Solch ein Urgrund wiederum fand seinen Ausdruck in germanischen Göttersagen oder der kalten Mythengestalt Edda, die auf das Wesen des Menschen hinwiesen und diesem Wurzeln gaben. Martin Buber schloß sich diesen Ideen an, wie er auch versucht hatte, das Gedankengut der deutschen Mystiker für die Wiederentdekkung der jüdischen Identität einzusetzen. Während diese Mythologie ihre Wurzeln jedoch zunächst ganz im jüdischen Volk hatte, erweiterte sie sich bei ihm zu einem der gesamten Menschheit eigenen Wesensgehalt. Innerhalb der politischen Rechten in Deutschland fand diese Erweiterung der Mythologie nie statt; allein die Deutschen, hieß es, stünden mit den elementaren Naturgewalten in Verbindung.[20] Die Mythologie nahm »irdische Gestalt« in Form von nationalen Symbolen an, die auf eine langvergangene geschichtliche Zeit verwiesen, als das moderne Zeitalter die germanische Seele noch nicht vernichtet hatte. Apokalyptische Ideale spielten hier ebenfalls hinein – die »Deutsche Revolution« versprach nationales Heil. Man beschwor die alten Germanen, die mittelalterlichen Mystiker und rassentheoretische Relikte herauf, um mit ihrer Hilfe eine vermeintlich kosmopolitische, rationale und städtische Welt zu bekämpfen.

Soweit der Hintergrund, vor dem die dem älteren Bildungsgedanken Verpflichteten sich um eine Mythenaustreibung bemühten – und vor dem sie nicht nur gegen die Sehnsucht nach einem Dritten Reich angingen, in dem die durch Jahrhunderte der Unterdrückung unzerstört erhaltene germanische Seele zu neuem Leben erwachen würde, sondern auch gegen die Bedrohung durch reaktionäre Massenbewegungen, die diese Grundlagen nutzten.

Vor der Kulisse der ersten großangelegten antisemitischen Massenbewegung in Mitteleuropa versuchte Sigmund Freud eine rationale Anlayse des persönlichen Mythos. Als Wien in den Wahlen von 1895 an die Antisemiten um Karl Lueger fiel, war dies ein niederschmetternder Schlag für die liberale Kultur.

Freuds Engagement im Sinne einer vernunftgeleiteten Welt und seine Verehrung der deutschen Klassiker brauchen hier kaum belegt zu werden. Er hegte das ausgeprägte Mißtrauen der Rationalisten gegenüber dem Enthusiasmus und nahm Begeisterung jeglicher Prägung mit großem Vorbehalt auf. Er stand fest zur Aufklärungstradition und deren ehemaliger und gegenwärtiger Bedeutung für viele Juden, wenn er auch in Wien und nicht in Berlin lebte. »Sulamith« hatte 1817 geschrieben, der Mensch müsse wachsen, um ein unabhängiges Wesen zu werden, müsse seinen Verstand bilden, um so die Macht des Instinkts zu schwächen; die Parallele zu Ich und Es liegt auf der Hand.[21] Von gleicher Wichtigkeit für Freuds Angriff auf den Mythos war seine Haltung gegenüber der Tyrannei der Geschichte. In »Die Traumdeutung« (1900) erklärt er: »Im Unbewußten ist nichts zu Ende zu bringen, ist nichts vergangen oder vergessen.« Aufgabe der Psychotherapie sei es, dafür zu sorgen, daß die unbewußten Prozesse endlich bewältigt und vergessen würden.[22] Falls »Die Traumdeutung«, wie behauptet worden ist, den Wunsch Freuds erkennen läßt, sich vom Schicksal seiner Mitjuden zu lösen[23], dann ließe sich seine ambivalente Haltung gegenüber der Geschichte als Schlußstrich unter dieses getrennte Schicksal lesen – die Geschichte, welche die Juden nicht mit Deutschen oder deutschen Österreichern teilen konnten.

Wie seine Michelangelo-Analyse zeigt, war Freud sehr wohl an der Vergangenheit interessiert, doch ging es ihm um die Geschichte als die fortschrittliche Entwicklung vom Animismus über die Religion zur Wissenschaft und Kultur – eine typisch liberale Geschichtssicht. Die Ideale von Rationalismus, Fortschritt und Humanität machten Freuds jüdisches Wesen aus, so wie sie das Judentum eines Auerbach und eines Stefan Zweig bestimmt hatten.[24] Auch hier stand die Autonomie des Individuums den Massen gegenüber, und Freuds Sicht der Massen unterschied sich in nichts von denen der anderen hier behandelten Bildungsbürger. Seine »Massenpsychologie und Ich-Analyse« (1921) sollte denn auch aufzeigen, wie der rationale einzelne unter den Zwängen des Gruppenlebens in Barbarei versinken kann.[25]

Die Entdeckung der Psychoanalyse fand teilweise innerhalb der kulturellen Tradition statt, mit der wir uns hier befaßt haben, und sie scheint dem dringenden Bedürfnis entsprungen zu sein, eine im Lärm der modernen Massenpolitik und der Industriegesellschaft untergegangene Welt wiedererstehen zu lassen. Zunächst wirkte die moderne psychoanalytische Bewegung wie eine jüdische Sekte, da die Randexistenz der Juden in der deutsch-österreichischen Gesellschaft noch durch die Außenseiterrolle verstärkt wurde, die die Psychoanalytiker ihrerseits innerhalb der Medizin innehatten. Freud war sich dieser doppelten Außenseiterposition durchaus bewußt; im Verbund mit den politischen Ereignissen in Wien führte sie dazu, daß Freud zu einem selbst-bewußten und sich selbst in Frage stellenden Juden wurde. Freud und sein Kreis von Freunden und Briefpartnern waren von dem Kampf um eine Aufrechterhaltung der Vernunft und des Bildungsprinzips in Anspruch genommen. Selbstachtung und gegenseitige Unterstützung galten bei einigen dieser Intellektuellen als Teil ihres jüdisches Wesens.[26] So bezeichnete der Schriftsteller Arnold Zweig ein Bild Freuds als einen »Gruß aus der Mitte der Schöpferzone, der herzlichsten Güte und der großen europäischen Vernunft«.[27] Unermüdlich trachtete Freud danach, den Kreis seiner Anhänger und Bewunderer zu vergrößern und wurde durch seine Korrespondenz und Freundschaften Glied einer Gelehrtenrepublik, die über jeden Vorwurf des Sektierertums erhaben war. Es verwundert kaum, daß dieser größere Kreis sich durch eine kulturelle Ausrichtung kennzeichnete; nur wenige Mediziner gehörten diesem Netzwerk aus persönlichen Beziehungen an. Die psychoanalytische Konkurrenz und die Sexualwissenschaftler – von denen einige, wie Krafft-Ebing, Freud an Berühmtheit übertrafen – gingen ihren eigenen Weg und kümmerten sich wenig um diese jüdische Sekte, die denn auch eine Zeitlang einen weitaus größeren Einfluß auf Literaten und Künstler ausübte als auf die Medizin.

Während der Jahre zwischen den Weltkriegen bestand diese Gelehrtenrepublik aus Intellektuellen, die ihr bestes taten, um die Welle von irrationalem, autoritärem Denken und Handeln aufzuhalten, aus Männern, die über die nationalen Grenzen hinweg Freundschaften und Korrespondenzen pflegten. Der unermüdliche Briefschreiber Romain Rolland spielte in dieser Welt eine bedeutende Rolle, ebenso André Gide, Benedetto Croce, Thomas Mann und Ortega y Gasset. Zwischen diesen Männern und Juden aus deutschsprachigen Ländern wie Sigmund Freud, Martin Buber, Emil Ludwig und Stefan und Arnold Zweig entspann sich ein echter Dialog. Viele dieser Schriftsteller publizierten auch in von Linksintellektuellen während der Weimarer Republik herausgegebenen Zeitschriften. Der Zirkel dieser Gelehrten trat ein für die Würde des einzelnen – für die Sache der Humanität in immer dunkler werdenden Zeiten. Noch hat er seinen Historiker nicht gefunden, doch wenn es zur Aufzeichnung seiner Geschichte kommt, darf sein Anteil an der Förderung des jüdisch-deutschen Dialogs nicht vergessen werden.

Natürlich kam es unter diesen Männern auch zu Differenzen. So begann Freuds Beziehung zu Romain Rolland nach dem Ersten Weltkrieg freundschaftlich, endete jedoch in einem Zerwürfnis, als Rolland einige von Freuds grundlegenden psychoanalytischen Theorien ablehnte.[28] Auf populäre Vorurteile zurückgreifend, warf Emil Ludwig Freud in einer seiner Biographien vor, die Erkenntnisse, die Freud durch die Beobachtung der Kranken gewinne, auf die Gesunden anzuwenden. Er beschuldigte Freud, keinerlei Unterscheidung zwischen Neurotikern und Normalen zu treffen.[29] Die nachdrückliche Hervorhebung der Normalität verriet die Furcht, als anomal zu gelten, von den durch die bürgerliche Gesellschaft vorgeschriebenen Normen abzuweichen, eine Furcht, die Juden und Nichtjuden teilten. Ludwig fehlte der notwendige Scharfblick, um zu erkennen, daß Freud selbst diese Furcht sehr wohl vertraut war – daß er neurotisches Verhalten ändern und eine Anpassung an die Normen der Gesellschaft bewirken wollte, gleichzeitig jedoch für eine weniger starke Verdrängung der Instinkte innerhalb sittlich bestimmter Grenzen eintrat.[30]

Die Mitglieder dieser Gelehrtenrepublik betrieben die Erforschung des Mythos zur Bannung des Irrationalen nicht allein.

Zu ihnen gesellten sich Gelehrte, die sich in erster Linie an ein akademisches und weniger an ein Laienpublikum wandten. Aby Warburg mag auf den ersten Blick einen wenig naheliegenden Untersuchungsgegenstand bilden; er war Privatgelehrter, vom politischen Leben zurückgezogen, Autor sehr weniger gelehrter Abhandlungen von weitreichender Bedeutung auf dem Gebiet der Renaissanceforschung. Warburgs Lebenswerk bestand nach 1902 in der Erweiterung seiner zunächst an die Hamburger Universität angegliederten Bibliothek. Warbung starb 1929; die Bibliothek Warburg, durch den Nationalsozialismus gewissermaßen exiliert, zog 1933 nach London um und wurde dort als Warburg Institute bekannt. Sowohl der Hamburger wie auch der Londoner Dependance sind neue kulturgeschichtliche Impulse zu verdanken. Über Warburg und sein Institut ist viel geschrieben worden, mit besonderer Betonung auf dem Beitrag zur kunsthistorischen Disziplin. Seine Bedeutung im Hinblick auf die Fortführung der deutsch-jüdischen Tradition ist jedoch allgemein vernachlässigt worden.

Im Mittelpunkt von Aby Warburgs Arbeit stand das Nachleben der antiken Tradition in der Renaissance, die Bedeutung der Antike für den nachklassischen Künstler. Symbole und Bilder wurden als Mittel gesehen, mit dem der Mensch seine Gefühle, Ängste und Hoffnungen anderen gegenüber mitteilte; jede menschliche Erschütterung erforderte ein bestimmtes Symbol oder Bild.[31] Anhand einer Analyse von Symbolen und Bildern, die sich in Renaissance-Gemälden durch die Bewegung der Figuren ausdrücken, legte Warburg den Einfluß der Antike auf die Kunst der Renaissance neu und anders aus. Warburg definierte Bilder als auf Mythen basierend und in Symbolen dargestellt und bewies damit (vielleicht unbewußt) das Erkennen eines Zeitalters, in dem das visuelle Element dem gedruckten Wort allmählich seine Bedeutung streitig machte – in dem Bilder die Hoffnungen, Ängste und Wünsche der halbgebildeten Massen ausdrückten. Warburg fürchtete diese Massen und konzentrierte seine Analyse auf Mythos und Symbol, um dem Irrationalen durch Aufdecken seiner Funktion seine

Magie zu nehmen; die Macht der Vernunft sollte dem Vernunftlosen trotzen.

Warburg trat den Beweis dafür an, daß sämtlichen Phänomenen ein Ordnungsprinzip innewohne. Die Antike verkörperte eben dieses Prinzip. Warburgs Schülerin und Mitarbeiterin Gertrud Bing schrieb über Warburgs Überzeugung, daß »die Künstler des 15. Jahrhunderts von derselben Verehrung für alles Antike beseelt waren, wie sie seit dem 18. Jahrhundert für jeden Gebildeten selbstverständlich geworden war.«[32] Wieder einmal gab das Bildungsideal den Ton an. Nach Warburg bedeutete Heidentum, sich den Impulsen von Verzückung und Furcht zu überlassen, während er die Antike durch die Augen Nietzsches sowohl als apollinische sowie als dionysische Kraft begriff. So betrachtet konnte die klassische Inspiration Unruhe bewirken – das wehende Haar und die geblähten Kleider einiger Renaissancegemälde bezeugten dies –, würde aber schließlich Ruhe und Frieden schenken.[33] Gegen Ende seines Lebens war Warburg öfter Zeuge eines dionysischen als eines apollinischen Sieges.[34] Wie Freud hielt Warburg es mit der Vernunft im Kampf gegen die dunkle Seite der Psyche. Er betrachtete es als seine Pflicht, sich den Aufklärungsbemühungen anzuschließen, gerade weil er die Stärke des Feindes erkannte.[35] Die Astrologie übte eine Faszination auf Warburg aus, und so gesellte er dem Dualismus zwischen dem Apollinischen und dem Dionysischen den Gegensatz zwischen Magie und Logik hinzu. »Athen«, schrieb er, »will eben immer wieder neu aus Alexandrien zurückerobert sein«.[36]

Somit führte Warburg auf seine Weise die Bestrebungen der Aufklärung fort: die Vertreibung des Irrationalen durch dessen rationale Erkenntnis. Das Bildungsideal war allgegenwärtig; es spiegelte sich in der Bedeutung der Antike wider, die in allen Zeitaltern wesentlich für die Ausbildung des menschlichen Selbstbewußtseins war. Warburg bot das Lebensrezept eines Aufklärers in einer vom Irrationalen bedrohten Welt. In der Tat erklärt Gertrud Bing, Lessings Schrift über die Laokoon-Gruppe – jenes Symbol für Beherrschtheit und unaufdringliche Größe angesichts von Schmerz – habe auf Warburg in seiner

Jugend einen machtvollen Einfluß ausgeübt, und er habe sich der deutschen Aufklärung zutiefst verpflichtet gefühlt.[37]

Der unter all diesen Intellektuellen ausgeprägte Drang zur Totalität bestimmte die Anordnung der Bücher in Warburgs berühmter Bibliothek; philosophische Werke standen neben Astrologie, Magie und Volksbrauch, und die Kunstabteilungen fanden sich in nächster Nähe zur Literatur, Religion und Philosophie. Auf diese Weise setzte Warburg seine Überzeugung konkret um, das Bewußtsein des Menschen dürfe nicht durch Einseitigkeit und Übertreibung auseinandergerissen werden; stattdessen sei ein Gleichgewicht anzustreben, ebenso wie auch die Welt von Vernunft beherrscht sein solle. Ohne Zweifel ist Aby Warburg in die Bildungstradition einzureihen; wie andere focht er ein Rückzugsgefecht gegen die sich verengende Sichtweise seiner Zeit, wenn auch mit anderen Waffen. Er sah die irrationalen Kräfte, die sein Leben und seine Zeit beherrschten, klar und unverhüllt.

Warburg stammte aus einem jüdisch-orthodoxen Haus und brach früh mit dessen Traditionen. Dieser Bruch schien ihm zur Umsetzung des in seiner Jugend gefaßten Entschlusses erforderlich, den typischen aufgeklärten und assimilierten Juden zu definieren. Er wollte sich auf neutralen Boden begeben, weder als Christ noch als traditionsbewußter Jude; das hinderte ihn jedoch nicht daran, stolz auf seine jüdische Herkunft zu sein.[38] Sein Projekt der Definition eines solchen Juden setzte er nie um, aber für ihn und auch für andere Intellektuelle war das Judentum im Grunde identisch mit der Bildungsidee, da sie die Lebenseinstellung des deutschen Bürgertums in dessen klassischem Zeitalter beispielhaft darstellte.

Warburg betonte immer, wie wichtig ein »Denkraum der Besonnenheit« zur Stärkung der Vernunft sei.[39] Ebenso wichtig wie solch ein Raum war jedoch die geisteswissenschaftliche Betätigung selbst, die Beherrschung der menschlichen Phantasie durch eine gründliche Untersuchung von Dokumenten. Warburgs eigene Schriften sind detaillierte Untersuchungen von Beweismaterial, die sorgfältige Erforschung des antiken Einflusses. Allgemeine Aussagen finden sich nur selten und müssen aus seinem Forschungsverständnis und einigen wenigen Reden von stärker selbstreflexiver Natur herausgearbeitet werden. Für Aby Warburg bot die wissenschaftliche Forschung eine Möglichkeit, innerhalb einer zunehmend komplexeren und irrationalen Welt an der Rationalität festzuhalten, in einer Welt am Rande des Chaos die Kontrolle zu bewahren, zu warnen, zu exorzieren, anzuregen und den Herausforderungen der Zeit nie auszuweichen.[40]

Erwin Panofsky, einer der berühmtesten Mitarbeiter des Warburg Institute (und wie fast alle Mitarbeiter der Anfangszeit Jude), legte besonderen Nachdruck auf diese ordnende Funktion wissenschaftlicher Arbeit. Die Gegenstände, mit denen sich die Kunstgeschichte befasse, schrieb er, entstünden aufgrund eines irrationalen und subjektiven Prozesses des Schöpferischen, die der Historiker unter Kontrolle bringen müsse. Der Gelehrte solle bloßem »Kunstverständnis« immer mißtrauen; vielmehr seien die Kenntnis der Sprachen des Altertums, die historische Methode und einschlägige Zeugnisse erforderlich, um ein Kunstwerk wirklich zu verstehen – um es mit der Vernunft zu erfassen.[41] Auch hier spielt die Antike eine ausschlaggebende Rolle; weder Warburg noch Panofsky konnten viel mit dem »nervösen«, vom Apollinischen ungezügelten Barock anfangen. Außerdem hatte sich Michelangelo als gläubiger Christ den Prototypen des Mittelalters und der Gotik unterworfen. Die Klassik bedeutete das Erwachen der Menschheit aus Christentum und Barock zu Bildung und Aufklärung.[42] Dieses Erwachen war entscheidend für die Fähigkeit des Menschen zur Selbstbildung.

Der produktivste Autor der Bibliothek Warburg, Ernst Cassirer, wollte für die Philosophie erreichen, was Warburg und Panofsky in der Kunstgeschichte angestrebt hatten – die Fixierung des Irrationalen innerhalb einer rationalen Kulturkritik. Auch in Cassirers Augen vereinten Symbole menschliches Denken und menschliche Existenz durch die Strukturen von Sprache, Religion, Mythos und Kunst. Solch eine Welt war erfahrbar durch die systematisierenden Anlagen des menschlichen Verstandes.[43] In den Vorlesungen, die er 1936 am Warburg Institute in London hielt, erklärte Cassirer die Freiheitsidee zum Fundament jeglicher Geschichts- bzw. Kulturphilosophie; die Freiheit gründe sich wiederum auf die Autonomie der menschlichen Vernunft.[44] Während Warburg jedoch in bezug auf den Sieg der menschlichen Vernunft pessimistisch gewesen war, zeigte Cassirer sich optimistisch, teilte er doch mit Kant und Hegel die teleologische Sicht einer progressiven Aufklärung der Menschheit. Nach und nach würde der Mensch die rationale Grundlage seiner eigenen Existenz begreifen und auf diese Weise Kontrolle über das Irrationale gewinnen. Der Mythos, schrieb er, nährt sich aus einer Welt der Phantasie: in magischen Riten und religiösen Zeremonien handelt der Mensch unter dem Druck persönlichen Verlangens und heftiger gesellschaftlicher Impulse. Sobald er jedoch die Bedeutung solcher Mythen hinterfragt, führen ihn die Antworten weg vom unbewußten, instinktgeleiteten Leben.[45] Es besteht eine auffallende Ähnlichkeit zwischen Cassirers »Der Mythos des Staates« (1946) und den Ideen sowohl Freuds als auch Warburgs, obwohl zwischen der Bibliothek Warburg und den Psychoanalytikern keine engen Kontakte bestanden. Eindeutig war ihnen eine deutsche Tradition gemein, die eine Definition dessen barg, was sie als den Wesenskern ihres Judentums betrachteten.

Warum also konnten diese Männer ihre Einsichten nicht direkt auf die Politik ihrer Zeit anwenden? Wohl fand Cassirer im Exil vor dem Nationalsozialismus zu einer Analyse der politischen Mythen seiner Zeit und nannte sie Schlangen, die ihre Opfer lähmten, ehe sie sie angriffen. Der moderne Mensch habe den Zustand des primitiven Lebens noch nicht wirklich überwunden, meinte er. Genausowenig habe das mythische Denken an Macht eingebüßt, auch wenn künstlerische, intellektuelle und ethnische Kräfte seinen Einfluß zeitweise gezügelt hätten.[46] Es war typisch, daß politische Kräfte bei der Eindämmung des Mythischen keine Rolle zu spielen schienen. Stattdessen lieferte die Kultur das Gegenmittel, und wenn auch die Beschäftigung mit Mythos und Symbolik in »Der Mythos des Staates« einer Analyse der modernen Massenpolitik verlockend nahe kommt, bleibt eine Untersuchung der politischen Implikationen letztendlich aus. Genausowenig wie alle anderen deutsch-jüdischen Intellektuellen konnte Cassirer sich von seinem Hang zur Bildung befreien.

Der neue Auftrieb, den Kunst- und Kulturgeschichte und Philosophie diesen Wissenschaftlern zu verdanken haben, ist bis heute spürbar, wenn auch auf dem europäischen Kontinent weniger als in England und den Vereinigten Staaten, wo Exilwissenschaftler für Kontinuität sorgten. Jenes Bürgertum aber, das sie verkörperten und das sein Vertrauen auf die Antike setzte, hat seine Bedeutung verloren. Für viele Intellektuelle war es nach dem Zweiten Weltkrieg weniger wichtig, ein ausgewogenes, vernunftgeleitetes und stetiges Leben zu führen, als die Existenz ihrer Gesellschaft überhaupt in Frage zu stellen und damit existentielle Fragestellungen aufzuwerfen. Ihnen ging es darum, den Idealismus dieser deutsch-jüdischen Tradition ohne deren »spießbürgerliche« Selbstzufriedenheit beizubehalten. Die Linksintellektuellen der Weimarer Republik halfen ihnen, diese Tat zu vollbringen.

IV

Die Linksintellektuellen

Die deutsch-jüdische Tradition erreichte ihren Höhepunkt in einer linken Identität. Daß es immer schwieriger wurde, den deutsch-jüdischen Dialog aufrechtzuerhalten, haben wir deutlich am Beispiel jener Schriftsteller gesehen, die ihre Isolation durchbrechen und so Verbindung mit der deutschen Volkskultur aufnehmen wollten. Andere bemühten sich um eine wechselseitige Beeinflussung innerhalb des deutschen Geisteslebens über ihre Arbeit als Gelehrte, die die Eindämmung des von allen Seiten eindringenden Irrationalen bewirken sollte. Diese Männer folgten dem Grundsatz, daß das Sinnlose letztendlich Sinn ergeben müsse; dieser Grundsatz leitete ihre Geschichtsanalyse und ihre Erklärungsversuche für Mythen und Symbole.

In weiten Bereichen der deutschen Kultur und Politik wiederum hatte man das Bedürfnis nach einer rationalen Erklärung längst aufgegeben; stattdessen zog man sich in eine Welt des Glaubens zurück. Diejenigen, deren Ideale wir oben betrachtet haben, fühlten sich – Juden wie Christen – unwohl unter all diesen Gläubigen.[1] Sie sahen sich einer eigenen deutschen Kulturtradition verpflichtet, die sie dem Bildungsbürgertum eines früheren Zeitalters verdankten; ihrer wachsenden Isolierung waren sie sich zwar bewußt, doch legten sie sich über deren Auswirkung oder mögliche Folgen kaum Rechenschaft ab. Gerade die Linksintellektuellen kennzeichneten sich durch ein starkes Bedürfnis nach Integration, nach der Entdeckung ihres jüdischen Wesens in der deutschen Kultur. Vielen war ihr Jüdischsein wohl bewußt, doch hingen sie andererseits an der Wunschvorstellung, schließlich die endgültige Überwindung einer jüdischen oder deutschen Herkunft durch den Sozialismus zu erreichen.

Im Ideal einer allgemeinen Menschlichkeit, in der die Unterschiede zwischen allen Völkern aufgehoben wären, sahen alle, die in dieser Tradition standen, ihr eigentliches Ziel. Sowohl Bildungs- als auch Aufklärungsprinzip gründeten sich auf die individuelle Autonomie, die Schöpferkraft aller Menschen, unabhängig von Nationalität oder Religion. Dieser Humanitätsgedanke begann vage, und sowohl Wilhelm von Humboldt als auch die Philosophen der Aufklärung interessierte mehr, wie dieses Ideal zu erreichen sei, als was es konkret beinhaltete. Später wurde er zu einer gegen Dogmatismus und Intoleranz gerichteten Metapher als dem Ausdruck einer für die Erreichung wahrer Bildung wesentlichen Individualität. Für Menschen wie Stefan Zweig bedeutete Humanität die Transzendenz von Nation und Religion und Überwindung aller sogenannten künstlichen Barrieren zwischen den Menschen, bis, wie er es ausdrückte, reine Freundschaft herrschte.[2]

Linksintellektuelle erblickten im Sozialismus die Konkretisierung des Humanitätsideals, weil es die Umsetzung einer solchen Transzendenz aktualisierte. Der Endsieg der Arbeiterklasse und die Abschaffung bestehender Eigentumsverhältnisse sollten zum Triumph der Humanität führen, doch wäre ein derartiger Sieg nur sinnvoll, wenn er sich auf die Bildungs- und Aufklärungsprinzipien gründete. Das Ergebnis war eine Sonderform des Sozialismus, die die sozialistische Orthodoxie ablehnte und der während der Weimarer Republik in erster Linie jüdische Intellektuelle anhingen.[3] Sicherlich hatten auch nicht-jüdische Intellektuelle Anteil an der Konstruktion dieses Sozialismus, doch übertraf die jüdische Beteiligung an diesem Dialog die nicht-jüdische bei weitem. So waren von den achtundsechzig Redaktionsmitgliedern der wichtigsten linken Zeitschrift, »Die Weltbühne«, bei denen sich die religiöse Herkunft nachweisen ließ, zweiundvierzig jüdischer Abstammung, zwei waren Halbjuden und nur vierundzwanzig waren Nichtjuden.[4] Die vielen deutschen Intellektuellen, die sich von der liberalen Geisteshaltung abwandten, schlossen sich stattdessen der orthodoxen Rechten oder Linken an, bei der sie Obdach unter einer festen und schlichten Ideologie fanden.

Allerdings traten auch viele Juden der orthodoxen Linken bei, hüteten sich, als Mitglied der Sozialdemokratischen oder Kommunistischen Partei die offiziellen Dogmen in Frage zu stellen und dienten der Partei zunächst als brave Soldaten, um dann zu Beginn der Weimarer Republik auch in führende Positionen aufzusteigen. Linksintellektuelle waren jene, die sich entweder nicht überwinden konnten, einer etablierten sozialistischen Partei beizutreten, oder die sich nach ihrem Beitritt als Störenfriede erwiesen, weil sie Lehre und Strategie der Partei unausgesetzt in Frage stellten. Die sozialistischen Parteien ihrerseits bewiesen eine wachsende Feindseligkeit gegenüber den Intellektuellen; dazu kam, daß ein Jude in den Augen mancher Arbeiter automatisch als Intellektueller galt.[5] Die linke Intelligenz verstand sich als »Gewissen der Arbeiterklasse« und betrachtete es als ihre Aufgabe, den Gärungsstoff für den Sozialismus zu liefern und die Struktur flexibel zu halten. Linksintellektuelle verstanden den Sozialismus als einen geschichtlichen Prozeß und nicht als Endprodukt. Ihre Denkweise gewann nach dem Zweiten Weltkrieg an Bedeutung für junge Männer und Frauen, die nach einem von direkten politischen Forderungen und Machtkämpfen unverdorbenen Sozialismus Ausschau hielten.

Der Sozialismusbegriff der Linksintellektuellen verlieh nicht nur ihren vagen humanitären Idealen eine konkrete Form, darüber hinaus half ihnen die Offenheit gegenüber neuen Strömungen innerhalb der deutschen Kultur, wie sie für so viele deutsche Juden charakteristisch war, sich über den Liberalismus hinauszuentwickeln. Ohne das liberale Erbe selbst wäre dies weitaus schwieriger gewesen; die Ideale der Bildung und der individuellen Autonomie standen im Mittelpunkt ihrer sozialistischen Ideologie. Insofern bestand eine Geistesverwandtschaft zwischen dem jüdischen Bürgertum, das die künstlerische Avantgarde unterstützte und sich damit eindeutig auf die Seite der Moderne schlug und ihren eigensinnigen sozialistischen Sprößlingen, die auf die Zerstörung der bestehenden gesellschaftlichen und wirtschaftlichen Ordnung aus waren. Diese Geistesverwandtschaft gründete sich auf gemeinsame Ideale, die die Söhne vollständiger zu verwirklichen trachteten, als das ihren Vätern gelungen war.

Die jungen Sozialisten verstanden sich als Marxisten – sie befürworteten den Klassenkampf, die Kontrolle des Proletariats über die Produktionsmittel und schließlich eine klassenlose Gesellschaft. Die marxistische Überzeugung, der Kapitalismus beraube die Arbeiter des von ihnen produzierten Mehrwerts und versklave die Menschen durch den Warenfetischismus, teilten sie voll und ganz. Weniger entschieden waren sie in bezug auf die ökonomischen Grundlagen der marxistischen Analyse und deren politischem Relativismus – sie waren keineswegs überzeugt, daß revolutionäre Taktiken bis zum Sieg vorherrschen mußten. Der Marxismus, schrieb Ernst Bloch, will jenes Menschheitsideal aufrechterhalten, dem das Bürgertum während seiner klassischen Periode anhing[6], also dem Zeitalter der jüdischen Emanzipation. Marx selbst glaubte, daß der Mittelstand Ende des achtzehnten Jahrhunderts eine historische und progressive Mission innegehabt habe, ehe er zum Feind im Klassenkampf wurde. Einige Linksintellektuelle wie der junge Georg Lukács gelangten aus einer tiefempfundenen ethischen Ablehnung der kapitalistischen Welt und aus dem Wunsch heraus zum Marxismus, daß unterdrückte Völker dereinst mit den alten Gesellschaftsordnungen brechen und ihr eigenes Schicksal in die Hand nehmen würden.[7]

Der Versuch, den Marxismus zu humanisieren, geht bis auf die Jahrhundertwende zurück, erlebte seinen Höhepunkt jedoch während der Weimarer Republik, als Intellektuelle versuchten, die Hegelschen Wurzeln des Marxismus neu zu beleben beziehungsweise den Marxismus an Kants kategorischen Imperativ anzubinden. Durch die hegelianische Wiederbelebung des Marxismus sollte die Aufmerksamkeit von der Welt der Dinge ab- und auf deren menschliche Quellen gelenkt werden. Jene, die die Hegelsche Dialektik betonten, versuchten, die Verbindung zwischen Objektwelt und Mensch durch Einwirkung auf die Weltsicht des Menschen, auf dessen Verständnis der Totalität des Lebens zu verändern. Sie forderten, der Mensch müsse die Gesamtheit seiner Existenz und die auf diese einwirkenden Kräfte verstehen und einen Weg zur Freiheit deutlich erkennen. Die liberale Arbeitsteilung, die Trennung von Politik und Alltagsleben, wiesen sie zurück, wenn auch wesentliche Bestandteile des Liberalismus innerhalb des richtigen menschlichen Bewußtseins lebendig blieben.

Die Vormachtstellung der Kultur blieb unangefochten, doch sollten kulturelle Phänomene nicht von ihrem gesellschaftlichen Kontext isoliert oder allein als Produkt des Klassenkampfes betrachtet werden, sondern vermittelt durch die Totalität des Lebens, einschließlich Denken, Politik, Wirtschaft und Kunst. Der orthodoxe Marxismus beging den Fehler, kulturelle Phänomene allein aus der zugrundeliegenden sozioökonomischen Basis abzuleiten. Trotzdem betrachten hegelianische Marxisten wie Max Horkheimer und Theodor W. Adorno den Klassenkampf nicht als abgeschafft, sondern als um eine Dimension erweitert. Der Konflikt zwischen der alten und der zukünftigen Gesellschaftsordnung beschränkte sich keineswegs auf die Kontrolle über die Produktionsmittel, sondern betraf alle Lebensbereiche.[8] Dabei war die Kultur von relativ größerer Bedeutung als es die Produktionsmittel waren; die moderne Massenkultur, die sich durch den Warenfetischismus mit Hilfe von Werbung und die Manipulation des Massengeschmacks als Opium für das Volk (wie der Jazz für Adorno) auszeichnete, verhinderte ein »richtiges Bewußtsein« und das Begreifen der Lebenstotalität. Die hegelianische Dialektik wich auch darin von der geltenden marxistischen Orthodoxie ab, daß sie sich als zeitlich unbegrenzt verstand (so hatte es in der Tat der junge Hegel gesehen), nämlich am Prozeß und nicht so sehr am Produkt des Kampfes interessiert, worin sich wiederum die Nähe zum Bildungsgedanken zeigt. Demzufolge weigerte sie sich auch, die Sowjetunion als Paradigma der neuen Gesellschaft anzuerkennen.

Viele hegelianische Sozialisten bekundeten eine Vorliebe für die Ästhetik; Lukács' literarische und Adornos musikalische Beschäftigung bieten gute Beispiele dafür. Die Bedeutung der Ästhetik für das Bildungsprinzip wird anerkannt, obwohl die Selbstbildung des Menschen nicht allein seinem eigenen Willen, sondern außerdem der gesellschaftlichen Wirklichkeit unterliegt. Trotz des Versuches, seine Individualität mit der gesellschaftlichen Realität in Einklang zu bringen, ist es, wie Lukács uns erklärt, der Mensch, der handeln muß, vorausgesetzt, er begreift die Totalität seiner Existenz und ist nicht völlig orientierungslos in dieser Welt.[9]

Es gilt, den Menschen von jeglicher Unterdrückung zu befreien – so die Botschaft der Frankfurter Schule, dem 1923 an der neugegründeten Frankfurter Universität eingerichteten Institut für Sozialforschung, das nach 1930 unter der Leitung von Max Horkheimer und Theodor W. Adorno Berühmtheit erlangte. Die Wurzel allen Übels steckte nicht allein in der Struktur der gesellschaftlichen Verhältnisse, sondern vor allem in der Unterdrückung des menschlichen Geistes durch tyrannische Denk- und Kultursysteme.[10] Die Betonung wurde auf die menschliche Erkenntnis gelegt; nur ein »richtiges Bewußtsein« konnte sich aus dem bestehenden Herrschaftsnetz befreien, das darauf hin angelegt war, falsches Bewußtsein zu vermitteln. An dieser Stelle ist der Begriff »Vermittlung« von großer Bedeutung, denn es war das Denken des Menschen, das diese Vermittlung zwischen dem Individuum und dessen Verständnis der gesellschaftlichen Realität schuf. Im Zuge des wachsenden Selbstbewußtseins seines Denkens entwickelte der Mensch eine immer bessere Einsicht in diese Realität sowie das Bedürfnis, Teil der Dialektik der Veränderung zu werden und somit den Prozeß zur Überwindung der bestehenden Ordnung in Gang zu setzen. Die Hindernisse auf dem Weg zu dieser Einsicht und damit zu revolutionärem Engagement bestanden in den von der zeitgenössischen Kultur ausgesandten Lockungen, die, vom Kapitalismus kooptiert und durch das System korrumpiert, die befreiende Funktion verloren hatten, die sie zu Goethes und Schillers Zeiten noch besessen hatten. Das kapitalistische System hatte damit alles Echte und Wahre, ob menschliche Substanz oder Kultur, zerstört; so kam es nicht von ungefähr, daß sich Adorno und Walter Benjamin (für kurze Zeit Mitglied des Instituts) mit dem Kunstwerk im Zeitalter seiner technischen Reproduzierbarkeit befaßten. Die Herrschaft von Systemen über das menschliche Denken vereitelte eine Vermittlung zwischen menschlichen und gesellschaftlichen Bedürfnissen.[11]

Wenn man auch einerseits den Liberalismus zurückwies, war diese Betonung der geistigen Erziehung doch nachhaltig vom Bildungsprinzip beeinflußt. Ästhetische Begriffe nahmen in diesem Sozialismus denselben zentralen Platz ein wie in der Bildungsidee. Die Würdigung des wahrhaft Schönen bildete einen wesentlichen Bestandteil des »richtigen Bewußtseins«, das den dialektischen Prozeß voranbringen und zur Überwindung des gegenwärtigen Zustands führen sollte. Alle diese Gelehrten beschäftigten sich mit der Antike und dem klassischen Schönheitsideal, wenn auch keiner von ihnen soweit ging, in dem klassischen Gedankengut ein perfektes Modell für die Gegenwart oder die Zukunft zu sehen; der Sozialismus bezeichnete wie die Geschichte und das ursprüngliche Bildungsprinzip einen Prozeß, ein Streben nach noch nicht erreichter Vollkommenheit.

Der Primat der Kultur erforderte einen Primat der Theorie; und so wird der Begriff »kritische Theorie« oft zur Beschreibung der Ideologie der Frankfurter Schule herangezogen. Barry Katz hat einmal geschrieben, die sogenannte kritische Theorie setze bei der Befreiung der Menschen ihre Hoffnung nicht auf das Elend der Industriearbeiter, sondern auf einige Ideale der Vergangenheit, die ihre Wahrheit erhalten hätten. Die Theoretiker der Frankfurter Schule betrieben eine scharfe Kritik der Aufklärung, der sie die Errichtung eines Herrschaftssystems vorwarfen, das mathematische Abstraktionen mit menschlichem Denken gleichsetze. Auf dem Einsatz der kritischen Vernunft, selbst ein Erbe der Aufklärung, bestanden sie jedoch als Schlüsselelement für die Vorbereitung auf den »Sprung in eine vollkommen andere Welt«.[12]

Das Bemühen um Transzendenz – der Versuch, die materielle Welt zu verstehen, ohne sich ihrem Diktat zu unterwerfen – motivierte die meisten hier besprochenen deutsch-jüdischen Intellektuellen. Für sie war die Suche nach Transzendenz von wesentlicher Bedeutung für eine ideale gesellschaftliche und politische Integration auf der Grundlage gemeinsamer Humanität. Doch bildete die bewußte »Entfremdung« von der Gegenwart für diese Sozialisten eine Voraussetzung für das »richtige Bewußtsein«, das Fundament einer besseren Zukunft. Einzig indem er Distanz einhielt, konnte der Mensch die Gesellschaft in ihrer Gesamtheit begreifen und die Veränderung in Angriff nehmen. So wurde das Außenseitertum selbst zur notwendigen Vorbedingung für die Transzendenz. Weder das jüdische noch das nicht-jüdische Bürgertum des aufgeklärten achtzehnten Jahrhunderts hätte für solch eine Idee Verständnis gehabt; schließlich sollte die jüdische Emanzipation doch gerade die Abschaffung der Außenseiterposition, nicht aber ihre Bestätigung bewirken.

Die hegelianische Neubelebung des Marxismus legte nicht nur Gewicht auf die Vermittlung, auf richtiges statt falsches Bewußtsein und auf die Ästhetik, sondern auch auf die Unbegrenztheit der Geschichte – und damit deren revolutionäres Potential. Die hegelianischen Sozialisten wollten eine Revolutionierung der Gesellschaft herbeiführen, auch wenn sie später im Exil vor dem nationalsozialistischen Deutschland eine solche Absicht dementierten. Sie betrachteten Geschichte als einen Prozeß, durch den der Mensch sich bemühte, sich über das Verstehen seiner existentiellen Totalität jeglicher Herkunft zu entledigen. Auf diese Weise brachen sie das versteinerte Gebäude des Marxismus auf und eröffneten die Aussicht auf eine potentiell unbegrenzte Zukunft, in der der Mensch aufwärts strebend seiner endlichen Befreiung entgegengehen sollte. Die Vorhut dieser Revolution bestand nicht mehr im Proletariat, sondern in einer Art von Bildungsbürgertum, welches rational, informiert, bewandert in der Theorie und ausgestattet mit einer feingestimmten ästhetischen Empfindungskraft war. Die Bedeutung, die besonders Musik und Literatur zur Erreichung des richtigen Bewußtseins zuerkannt wurde, mutet verblüffend an. Interessant, wie sehr die nachhaltige Betonung der Vernunft ihre Inspiration aus Frankreich bezieht; so sahen es nicht zuletzt die Herausgeber der liberalen Presse und Männer wie Stefan Zweig und Emil Ludwig. Horkheimer und Adorno erklärten dazu: »Immer noch war die Humanität eher in Frankreich zu Hause als anderswo«.[13]

Die ideellen Schwerpunkte der deutsch-jüdischen Tradition fanden Aufnahme in eine revolutionäre Theorie. Die Mitglieder des Instituts für Sozialforschung neigten dazu, den Einfluß ihrer jüdischen Herkunft auf ihr Leben kategorisch zu leugnen; seinen Ursprung hatte dieses Leugnen in dem von ihnen geprägten Sozialismus. Martin Jay schrieb ganz richtig, daß der manifest intellektuelle Kontext des Judentums – wobei das Judentum entweder als Religion oder als Ausdruck spezifischer althergebrachter jüdischer Traditionen verstanden wurde – in ihrem Leben keine Rolle spielte.[14] Andererseits war ihr Judentum sehr wohl präsent, wenn es um die Definition eines deutsch-jüdischen Selbstverständnisses ging, das immer mehr zum eigentlichen Besitztum der Juden wurde, je mehr Deutsche sich von ihm distanzierten.

Ihre jüdische Herkunft spielte auch noch eine andere Rolle, und zwar eine, die in Einklang mit dem Entfremdungsgedanken innerhalb der kritischen Theorie stand – sie waren nämlich Außenseiter im akademischen Leben Deutschlands, wie sie auch eine Außenseiterrolle in bezug auf die etablierten sozialistischen Parteien einnahmen. Die Philosophen der Frankfurter Schule waren sich ihrer Position bewußt, und wenn sie auch einerseits darauf bestanden, daß das Judentum in ihrem Leben keine Rolle spielte, teilten sie andererseits doch die Überzeugung anderer Linksintellektueller, wonach das Weimarer Deutschland eine massive Veränderung erleben müsse, um mit dem Antisemitismus aufzuräumen. Diese Überzeugung war von unbestreitbarer Bedeutung für die Wandlung vieler jüdischer Intellektueller zu Linksintellektuellen, wie Istvan Deak es beschreibt.[15]

Max Horkheimers wachsende persönliche Besorgnis angesichts des deutschen Judenhasses, der gegen Ende seines Lebens offen aufloderte, mag bereits während einer Reihe von Jahren bestanden haben. Wir können die Haltung der führenden Mitglieder der Frankfurter Schule gegenüber dem Antisemitismus und ihrer jüdischen Herkunft hier nicht in Einzelheiten untersuchen; Benjamins Liebäugeln mit dem Judentum ist wohlbekannt, während Adorno weniger Interesse bekundete. Ungeachtet der individuellen Stellung ihrer Mitglieder bildete die Frankfurter Schule insgesamt einen Teil der deutsch-jüdischen Bildungs- und Aufklärungstradition und brachte diese Tradition in die sozialistische Bewegung mit ein. Die Einreihung der genannten Sozialisten in die deutsch-jüdische Tradition soll keineswegs den offensichtlichen Einfluß Marx', Hegels und anderer auf ihr Denken leugnen, doch liegen die Wurzeln dieses unorthodoxen Sozialismus wesentlich in der ganz eigenen Natur und Entwicklung einer deutsch-jüdischen Identität.

Die Ideale der Frankfurter Schule erwiesen sich als dauerhaft. Die analytischen Methoden – der Hegelsche Begriff der Vermittlung zwischen Individuum und Gesellschaft und die Definition des menschlichen Bewußtseins – waren wichtig, noch wichtiger aber war die wechselseitige Beziehung zwischen Totalität und Freiheit. Daß das Engagement sich nun nicht mehr auf eine feste Klassengrundlage stützte, mußte Anklang bei all jenen finden, die vom Proletariat enttäuscht waren; das gleiche galt für den Versuch, mit der Religion des industriellen Fortschritts zu brechen. Die Verehrung des industriellen Fortschritts war im Laufe der Zeit im Marxismus, wie auch in der übrigen Gesellschaft, in den Vordergrund getreten – eben als Hoffnung darauf, daß die Gesetze der industriellen Produktion zum Sieg des Proletariats führen würden. Diese Ausrichtung des Marxismus schien eine Entmenschlichung der Gesellschaft zu fördern, welche die hier besprochenen Sozialisten und ihre geistigen Erben beklagten. Der hegelianische Sozialismus hingegen führte zurück zum Menschen als Mittelpunkt, zu seinem Denken und dessen Ausbildung und diente damit in ihren Augen der Humanisierung des Marxismus, ohne die dringende Notwendigkeit einer Revolution zu negieren.[16]

Die neue Linke übte über dreißig Jahre später – in den 60er Jahren – ebenfalls Kritik an der Verwandlung menschlichen Lebens in Dinge, verkäufliche Waren oder Nummern durch die moderne kapitalistische Gesellschaft.[17] Zwar bezog sie sich mit dieser Kritik auf das Frühwerk von Lukács und nicht auf die Frankfurter Schule, doch war die Richtung des jungen ungarischen Aktivisten und Intellektuellen und die der deutschen Akademiker mehr oder weniger die gleiche. Die Hervorhebung des kulturellen Aspekts als Schlüssel zum Verständnis der Lebenstotalität, wie sie die Frankfurter Schule betrieb, zeigte auch eine tiefgreifende Wirkung auf die bürgerliche Jugendgeneration in Europa und den Vereinigten Staaten während der 60er Jahre, eine Jugend, die zumeist aus Nichtjuden, aus unzufriedenen Wohlstandskindern bestand.

Herbert Marcuse, ebenfalls zeitweiliges Mitglied des Instituts für Sozialforschung, leistete einen wichtigen Beitrag zur Weitergabe dieser Ideen an spätere Generationen. Sein Buch »Der eindimensionale Mensch« (1964) richtet die Aufmerksamkeit auf die humanistische Grundlage des Sozialismus und übt scharfe Kritik sowohl am Kapitalismus als auch am Bolschewismus. Ein ehemaliges Studentenmitglied der Neuen Linken in den Vereinigten Staaten hat beschrieben, was es bedeutete, zum erstenmal zu erkennen, daß Ausbeutung nicht auf körperliches oder wirtschaftliches Leiden beschränkt war, sondern vielmehr Entfremdung vom ureigenen Menschsein bedeutete, eine durch die moderne Massenkultur symbolisierte Entfremdung.[18] Die Betonung der Herrschaft drückte sich erneut in Marcuses Behauptung aus, die »Kulturwerte« verfielen nicht einfach zur Massenkultur, vielmehr werde die zweidimensionale Kultur durch ihre unterschiedslose Einverleibung in die etablierte Ordnung zu einer eindimensionalen Kultur.[19] Karl Marx' Kritik des Warenfetischismus fand Eingang in eine Theorie, die zwar die Realität des Klassenkampfes nicht leugnete, gleichzeitig jedoch die Bedeutung des menschlichen Bewußtseins in den Vordergrund stellte. Marcuse forderte, das richtige Bewußtsein müsse den Kampf gegen den eindimensionalen Menschen, gegen die Vereinnahmung aller edlen Werte – Toleranz und Gelehrsamkeit, Literatur und Kunst – durch eine engstirnige Gesellschaft aufnehmen.

Die bourgeoise Gesellschaft habe den kritischen Verstand durch seine Vereinnahmung korrumpiert und ihn in ein Herrschaftssystem integriert, lautete eine der Haupttheorien der Neuen Linken in Europa und den Vereinigten Staaten, die damit den gedanklichen Ansatz nicht der orthodoxen Marxisten, sondern jener früheren Linksintellektuellen fortführten. Die gegen den eindimensionalen Menschen Eingestellten waren nun zur Rettung aufgefordert. Diese Rettung konnte aber nicht vom Proletariat kommen, dem das entsprechende Bewußtsein abging, sondern vor allem von Studenten und Akademikern, die noch nicht zum Establishment gehörten und deshalb ihre Vernunft frei walten lassen konnten – von Gebildeten also. Der »Außenseiter« bekam seine Aufgabe zugewiesen, ähnlich der, die kantiansche Sozialisten sich auferlegten, und der, die wiederum andere der sogenannten »freischwebenden« Intelligenz gaben. Die deutsch-jüdische Tradition war an einem entscheidenden Punkt angelangt: die Freiheit des Individuums von jeglicher Herkunft konnten nur jene erreichen, die die Traditionen von Bildung, Rationalismus und Aufklärung verinnerlicht hatten. Die bürgerliche Dimension des Emanzipationszeitalters mußte zwar getilgt werden, seine ideologische Substanz jedoch erhalten bleiben.

Die Frankfurter Schule verrichtete ihre Arbeit im Schatten des Nationalsozialismus, und dies machte die Opposition gegenüber der bürgerlichen Gesellschaft, wie sie sie sahen, nicht nur einfacher, sondern nachgerade zur Pflicht. Entsprechend sah Marcuse im Liberalismus die Vorstufe zum Faschismus[20], und die Neue Linke der 60er Jahre erfand eine faschistische Bedrohung, um das Ende der bürgerlichen Gesellschaft herbeizuführen. In Wirklichkeit waren ihnen jedoch die ideologischen Wurzeln des Liberalismus gemeinsam, auch wenn die Liberalismusidee des klassischen Zeitalters sich inzwischen gewandelt hatte. Das Wesen jener Idee bildete, zu einem Gutteil eingeschleust über die Bildungsidee, einen wichtigen Bestandteil der deutsch-jüdischen Tradition, und eben dieser Liberalismus erschloß die marxistische Orthodoxie, wie er vorher bereits die religiöse und kulturelle Orthodoxie aufgebrochen hatte. Unsere Untersuchung des deutsch-jüdischen Erbes läßt diese Kontinuität erkennen: das stete, oft unsichtbare Wirken eines jüdischen Wesens, wie es von Anbeginn der jüdischen Emanzipation definiert worden war.

Die kantianischen Sozialisten der Weimarer Republik, ebenfalls größtenteils Juden, beschritten einen ähnlichen Weg, doch konzentrierten sie sich nicht auf den dialektischen Prozeß der Geschichte oder die Vermittlung zwischen Bewußtsein und Gesellschaft, sondern suchten den Marxismus auf schlichte Art und Weise mit dem kategorischen Imperativ zu verbinden – als ethische Norm, die alle revolutionäre Handlung bestimmen sollte. Was Kant für viele jüdische Denker so attraktiv machte, das waren vor allem sein kosmopolitischer Humanismus und sein Eintreten für kritisches, vernunftgeleitetes Denken.[21] Kant entwarf ein moralisches Bildungsideal, das junge Linksintellektuelle durch Verknüpfung mit den Marxschen Erkenntnissen zu modernisieren versuchten. Hätte Marx sich kontextuell auf Kant und nicht auf Hegel bezogen, lautete ihr Argument, so wäre der marxistischen Lehre die Korruption durch Taktik und Disziplin erspart geblieben und es wäre nicht zur Ablösung einer Herrschaft durch die andere gekommen. Der Mensch dürfe nie Mittel, er müsse vielmehr Ziel allen Strebens sein, wie es der kategorische Imperativ verlangte. Kurt Eisner, der später die Münchener Revolution von 1918 anführte, schrieb in seiner Schrift über »Marx und Kant« (1904), Kants Ethik biete den Lebenskontext, der das in der Geschichte stattfindende menschliche Handeln bestimmen müsse.[22] Wie andere kantianische Sozialisten negierte Eisner den Klassenkampf nicht, sondern legte stattdessen die Normen vor, nach denen dieser zu bewerten war. Die Vision einer gerechten Gesellschaft verlangte die Abschaffung des Kapitalismus. Das ursprüngliche Manifest der »Weltbühne« (1918), der bevorzugten Zeitschrift der Linksintellektuellen, forderte wirtschaftliche Veränderung, erklärte jedoch im gleichen Atemzug, der ewige Imperativ von Gerechtigkeit und Freiheit müsse im Kampf wie auch im Sieg erhalten bleiben.[23]

Den Intellektuellen kam auch im kantianischen Plan eine wichtige Funktion zu, denn sie waren das Gewissen der Arbeiterklasse und sollten das Ideal der Revolution bis zum Endsieg makellos rein halten. Während der revolutionären Krise von 1918 rief »Die Weltbühne« zur Einrichtung eines »Rates der Weisen« auf, bestehend aus jenen mit der richtigen ethischen Willenskraft. Die »Gebildeten« sollten die »wahre unsichtbare Kirche« darstellen. Einige Intellektuelle versuchten daraufhin auch, solch einen Rat zu bilden, doch sah die Arbeiterbewegung keine Notwendigkeit für den Dienst dieser Intellektuellen; ja, sowohl Kommunisten als auch Sozialdemokraten bemühten sich nach Kräften, sie entweder zu disziplinieren oder gleich auszuschließen.[24] Die vage Natur des ethischen Ideals ist augenfällig, wie auch das Streben nach einem Absoluten ohne den mäßigenden Einfluß der hegelianischen Dialektik. Sowohl der kantianische Plan als auch die hegelianische Erneuerung forderten einen neuen Humanismus, der zwar Bildung und Aufklärung zur Grundlage hatte, jedoch über den deutschen Liberalismus und dessen zunehmende Engstirnigkeit hinauswies. Damit vollzog sich eine Erhaltung und Ausweitung dessen, was so viele deutsche Juden als ihr jüdisches Wesen betrachtet hatten.

Der Zusammenhang zwischen jüdischer Herkunft und dem Optimismus der Aufklärung entwickelte sich im Denken der obengenannten Neuerer zu voller Reife. Besonders in der Befürwortung des kantianischen Sozialismus schlossen sich den Juden aber auch Nicht-Juden an, und so stammt das meistzitierte Buch, in dem dieses Menschen- und Gesellschaftsverständnis seinen Niederschlag fand, nicht von einem jüdischen Autor, wenn es auch die Weltsicht vieler jüdischer Sozialisten ausdrückte. Leonhard Franks »Der Mensch ist gut« (1919) aktiviert den jedem Mitglied der sogenannten Massen innewohnenden kategorischen Imperativ etwa durch die Schmerzensschreie einer Mutter, die ihren Sohn im Krieg verloren hat, oder durch einen Kellner, der durch die Straßen rennt und zum Ende der Kämpfe aufruft. Die Massen bilden eine endlose schweigende Prozession von Brüdern und Schwestern auf dem Weg zu dem Ziel, das sie alle im Herzen tragen: ihrem Wunsch, der Liebe zu allen Menschen, trotz Krieg und Zerstörung, Ausdruck zu geben. Gemeinsam marschieren sie in eine neue Gesellschaftsordnung, in der Wahrhaftigkeit, Freiheit und Liebe herrschen.[25] Dieser Triumph der Menschlichkeit über den Tod lebt aus dem Glauben an das Gute im Menschen, an sein aufgeklärtes Wesen, das es nur zu wecken gilt, um eine Änderung der Gesellschaft herbeizuführen.

Frank, der als Pazifist unter dem Eindruck des Krieges schrieb, legte sich, was die Form seiner neuen Gesellschaft betraf, nicht fest. Diese Unbestimmtheit ist typisch für viele Anhänger des kantianischen Sozialismus, wenn auch einige, wie Kurt Eisner, konkret eine Regierung anstrebten, in der die Macht zwischen Soldaten und Arbeiterräten und einem gewählten Parlament geteilt war, während andere eine Form des kapitalistischen Wohlfahrtsstaates vorschlugen.[26] Einig waren sich aber alle kantianischen Sozialisten darin, daß der Gebrauch von Gewalt und politischer Taktik zur Verwirklichung der Revolution diese korrumpiere und deshalb zu verwerfen sei.

Zwar hatte der kantianische Sozialismus einen gewissen Einfluß auf spätere Generationen, doch blieb er im Vergleich mit der hegelianischen Erneuerung des Menschen relativ unbedeutend. Nichtsdestoweniger waren Männer wie Eisner, Ernst Toller und der Schriftsteller Lion Feuchtwanger, die im kantianischen Sozialismus alle eine Zeitlang eine ihnen entsprechende Theorie fanden, bedeutende jüdische Linksintellektuelle, die selbst nach dem Zweiten Weltkrieg nicht in Vergessenheit gerieten.[27] Das jüdische Wesen der kantianischen Linksintellektuellen ist sogar noch weniger greifbar als jenes der hegelianischen Sozialisten, wenn auch beispielsweise Eisner oder Toller sich ihrer jüdischen Herkunft durchaus bewußt waren. Sie teilten den innerhalb der intellektuellen Linken so stark ausgeprägten ethischen Idealismus – das Bedürfnis, die zeitgenössische Gesellschaft von allen teilenden und zersplitternden Einflüssen zu emanzipieren. Der »Sprung in die Freiheit«, den die kantianischen Sozialisten propagierten, war notwendig, weil das rein Menschliche ihn forderte, und nicht wegen eines neuen durch Erziehung und die Entwicklung des ästhetischen Empfindungsvermögens gewonnenen Selbstbewußtseins. Das Gedankengut der Aufklärung war für die kantianischen Sozialisten wichtiger als das der Bildung. Und doch ordneten sie den Klassenkampf einem ethischen Individualismus als einzigem revolutionären Mittel unter.

Das Judentum dieser Linksintellektuellen jedweder sozialistischen Denkrichtung zeigte sich am augenfälligsten an dem jungen Walter Benjamin, der bewußte Anstrengungen unternahm, seine eigene jüdische Gesinnung zu definieren. Zwanzig Jahre alt und soeben aus der Schule, freute sich Benjamin seiner neuentdeckten jüdischen Identität. Intellektuelle Juden, schrieb er 1912, waren vornehmste Träger und Repräsentanten des Kulturlebens, das in diesem Fall nicht nur Kunst und Literatur, sondern auch den Sozialismus und die Emanzipationsbewegung der Frauen miteinschlösse. Unter den jüdischen Intellektuellen, fuhr er fort, stünden die Literaten an der Spitze der Veränderungen; die sonst vielgeschmähten »Literaturjuden« übernähmen eine zentrale Rolle, wenn es um den Entwurf von Alternativen zur bestehenden Ordnung gehe.[28] Das Jüdischsein wurde zur Metapher für kritische Vernunft und für Bildung; durch das Studium Goethes, so Walter Benjamin, werde das Wesen des Judentums erst ganz erfaßt.[29] Diese Definition des Judentums umreißt in beinahe unheimlicher Weise die jüdische Substanz, auf die es uns hier ankommt, nämlich nicht als Idealisierung der bürgerlichen Gesellschaft, sondern als Alternative zur Gegenwart.

Benjamins Judentum war im Wesen mit dem der hier besprochenen Sozialisten identisch. Die Frankfurter Schule legte Wert auf seine Mitarbeit und gab nach seinem Tod im Jahre 1941 einen Gedenkband heraus, der ihm die Anerkennung sichern sollte, die ihm zu Lebzeiten versagt geblieben war.[30] Doch gehörte beispielsweise Adorno zu jenen, die Benjamins Interesse an jüdischem Gedankengut kritisierten. Ein Grund war nicht zuletzt, daß Benjamin bei der Definition des Jüdischen, unter dem Einfluß seines engen Freundes Gershom Scholem, anfangs eine Zeitlang zu einem sporadischen Interesse an Kabbala und Zionismus gefunden hatte.[31] Trotz allem löste sich Benjamin nie von der Literatur, in der er den Ausdruck seines jüdischen Wesens erkannte. Gershom Scholem erinnerte sich, daß Benjamin gerade durch das Studium von Goethe und Hölderlin und seine Übersetzungen von Baudelaire und Proust ins Deutsche den Wunsch entwickelte, Hebräisch zu lernen, um die Probleme lösen zu können, die ihm diese Tätigkeiten aufgegeben hätten.[32] Zwar wurde dann nicht viel aus Benjamins neuentdecktem Interesse, doch verwundert es nicht, daß der Weg zu Hebräischkenntnissen und zum Zionismus über die Beschäftigung mit der deutschen Kultur führte.[33] Ein ähnliches Beispiel stellten Bubers Chassidim dar, die deutlich der deutschen Mystik verwandt waren.

Jüdische sozialistische Intellektuelle bildeten in den von Sozialdemokraten und Kommunisten geführten Kampagnen gegen Intellektuelle die Hauptzielscheibe. Der Sozialistenführer August Bebel, der doch in vorderster Reihe im Kampf gegen den Antisemitismus im wilhelminischen Deutschland stand, nannte die jüdischen Sozialisten brillant, aber zudringlich und meinte, es sei schwierig, sie der Parteidisziplin zu unterwerfen.[34] Diese Haltung faßte im orthodoxen Sozialismus Fuß, und tatsächlich stellte der hier erörterte Sozialismus auch insofern eine Herausforderung an die Orthodoxie dar, als er den Intellektuellen eine entscheidende Rolle im Klassenkampf überließ. Der »Außenseiter« mühte sich um Eintritt auch in den Sozialismus – in der Arbeiterklasse wollte er eine Heimat finden, während jedoch die Arbeiterbewegung Linksintellektuelle nach wie vor abwies. So isoliert das jüdische Bürgertum innerhalb des deutschen Mittelstands war, so isoliert fanden sich auch die jüdischen Linksintellektuellen innerhalb der Arbeiterbewegung. Natürlich spielte der Antisemitismus vor allem innerhalb der kommunistischen

Partei eine Rolle. Die besondere Sozialismusausprägung, die jüdische Intellektuelle schließlich übernahmen, war ebenfalls entscheidend; weder die sozialistischen Parteien noch die Arbeiterbewegung konnten sich dem Argument anschließen, die Theorie solle über die Praxis herrschen. Vielmehr waren Arbeiterbewegung und sozialistische Parteien unmittelbar vom politischen und gesellschaftlichen Kampf betroffen, und so ist es kein Zufall, daß die Nachfolger der beschriebenen Linksintellektuellen idealistische und utopisch denkende Studenten und Professoren der Mittelklasse waren.

Diese auf theoretische und kulturelle Fragen eingeschworenen Weimarer Intellektuellen erwiesen sich oft als unfähig, den dringenden politischen Forderungen nachzukommen, die man an sie stellte. Als es zum Beispiel darum ging, einen Präsidentschaftskandidaten für die Wahlen von 1932 aufzustellen, gab »Die Weltbühne« ihre Unterstützung nach eingehender Gewissensprüfung dem kommunistischen Kandidaten Ernst Thälmann – der genau die Orthodoxie vertrat, die die Linksintellektuellen so erbittert bekämpft hatten.[35] Mag sein, daß Linksintellektuelle wie der Schriftsteller Lion Feuchtwanger, der sich im Exil vor dem nationalsozialistischen Deutschland befand, eine bessere Entschuldigung für ihr Liebäugeln mit dem Bolschewismus hatten. Schließlich schien die Sowjetunion in den dreißiger Jahren die einzige Nation zu sein, die mit Entschiedenheit gegen den Faschismus kämpfte. Unter dem Druck seitens der kommunistischen Partei distanzierte sich Georg Lukács von seinen früheren Schriften. In seinen Augen bedeutete ein Verbleiben in der kommunistischen Partei, den Kontakt mit den Massen aufrechtzuerhalten und damit der politischen Isolation seiner linksintellektuellen Genossen zu entgehen.[36] Die Mitglieder der Frankfurter Schule wie Horkheimer und Adorno gaben ihre politische Reserviertheit nie zugunsten tagespolitischer Betätigung auf; Adorno verachtete die Massenkultur und die zeitgenössischen Massenbewegungen.[37]

Die Linksintellektuellen waren nicht nur von der politischen Realität in Deutschland und der vorherrschenden Kultur, sondern auch von ihren Mitjuden isoliert, wenngleich sie einen Großteil des liberalen Ideenguts mit diesen gemein hatten. Nach 1918 sahen sie sich wiederholt als Radikale angegegriffen, die alles aufs Spiel setzten, was die Juden in Deutschland bisher erreicht hätten. Diese Angriffe waren durchaus begründet, schließlich war der Anteil der Juden an vielen Nachkriegsrevolutionen beträchtlich, nicht nur im bolschewistischen Rußland, sondern auch in Budapest, München und Berlin. Daß diese Juden überwiegend Bolschewiken und nicht Linksintellektuelle waren, machte für die öffentliche Wahrnehmung keinen Unterschied. Erst in jüngster Zeit haben Historiker einen Blick für die großen Unterschiede zwischen der ersten Phase der bayerischen Revolution unter Kurt Eisner und ihrer zweiten, bolschewistischen Phase unter Eugen Leviné und anderen entwickelt. Allerdings ist die Zuwendung zum Bolschewismus der in Osteuropa brutal unterdrückten Juden leicht nachvollziehbar; die Linksintellektuellen jedoch, die sich durch Skrupel gegenüber jeglicher Gewaltanwendung und eine Bindung an die Theorie auszeichneten, standen am anderen Ende des Spektrums im revolutionären Europa.

Eifrig verbreiteten Antisemiten und Rassisten die Lehre, die alle Deutschen angeblich aus den Revolutionen ziehen konnten: Juden seien nationalfeindlich gesinnte Bolschewiken. Während der Nachkriegskrise war der Glaube an jüdische Verschwörungen und subversive Aktivitäten mehr als nur eine von Judenhassern vertretene verquere Ansicht; 1918 brachte selbst Winston Churchill die Juden mit einer bolschewistischen Verschwörung in Zusammenhang.[38] So lag es nahe, daß die meisten Juden linke Aktivitäten mißbilligten. Das jüdische Establishment beäugte die Sozialdemokraten schon seit langem mit Argwohn. Wie bereits erwähnt, hatten die Juden den zum Antisemitismus neigenden Liberalen die Treue gehalten und die Sozialdemokraten mißachtet, die sich dann allerdings als ihre fast einzigen wirklichen Freunde herausstellten.[39] Die Linksintellektuellen bereiteten den Juden aber auch auf einer tieferliegenden Ebene Sorgen.

In »Mein Weg als Deutscher und Jude«, unmittelbar im

Anschluß an die Flut jüdischer Beteiligung an revolutionären Aktivitäten geschrieben, stellte Jakob Wassermann die Frage, warum politischer Radikalismus »gerade aus dem altehrwürdigen, in heiligen Traditionen ruhenden Judentum« erwache. Er gab vor, die Antwort nicht zu wissen, teilweise, weil er nicht erkannte, daß sich der Sozialismus in den Augen vieler Juden auf die Bildungs- und Aufklärungstradition und weniger auf ältere, spezifisch jüdische Traditionen bezog. Im weiteren charakterisierte Wassermann die vom Linksradikalismus Angezogenen als Entwurzelte und professionelle »Leugner«.[40] Sie waren die »Außenseiter«, die im Mittelstandsleben keine Stabilität finden konnten. Linksintellektuelle stellten die Assimilation der deutschen Juden in das deutsche Bürgertum in Frage. Sie gefährdeten den engen Zusammenhang zwischen Bildung und Bürgertum, der seit Entstehen des Bildungsbegriffs bestanden hatte. Die bürgerliche Lebensweise samt ihren Moralvorstellungen und Sitten galt als wesentlicher Bestandteil eines »Gebildeten«; die Juden waren gleichzeitig dem Bildungszeitalter und der respektablen Bürgerlichkeit assimiliert worden.[41] Die Verengung des Bildungshorizonts änderte diese Lebensweise keineswegs, sondern verstärkte sie vielmehr.

So wie die Juden sich ehemals eng an den Bildungsgedanken angelehnt hatten, so klammerten sie sich nun an eine mittelständische Lebensweise, die ihnen weiterhin Ansehen verschaffte. Ismar Schorsch hat gezeigt, wie Moritz Oppenheims frommjüdische Familienszenen, die sich unter deutschen Juden außerordentlicher Beliebtheit erfreuten, deutsch-bürgerliche Gemütlichkeit mimten, selbst wenn sie in voremanzipatorischen Zeiten in einem Ghetto spielten.[42] Es ist auch kein Zufall, daß Georg Hermann in »Jettchen Gebert« (1906), der Pflichtlektüre jüdischer Mädchen, die ruhige und stetige Lebensweise des Bürgertums pries. Die jüdischen Linksintellektuellen zerrütteten diese Lebensweise und gefährdeten eine der Hauptsäulen der jüdischen Emanzipation. Das emphatische sozialistische Verständnis der Lebenstotalität griff die bürgerliche Arbeitsteilung am Arbeitsplatz und im täglichen Leben an. Man warf den Linksintellektuellen vor, sämtliche Aspekte des Lebens zu politisieren – ein Vorwurf, der ebenfalls gegen die Neue Linke der 60er Jahre gerichtet wurde.

Viele deutsche Juden nahmen auch in ihrem Privatleben eine strikte Aufteilung vor. So unterstützten sie die Avantgarde und stellten sich im Bereich von Kunst und Wissenschaft auf die Seite der Moderne, weiteten diese Haltung jedoch nie auf gesellschaftliches Verhalten geschweige denn eine Radikalpolitik aus; die Struktur des Mittelstandslebens wurde nie in Frage gestellt. Dazu kam, daß die meisten Juden, wenn sie auch den Bildungsbegriff in einem weiteren Sinne definierten, mit der Mehrheit des Bildungsbürgertums darin übereinstimmten, daß Staatsbürgerschaft Respekt gegenüber der legitimen politischen Autorität bedeute, »die es schon am besten wisse«. Ob deutscher Jude oder Deutscher, »kleiner Mann« oder Wohlhabender, sie alle hielten sich an Kants Weisung, daß ein Gesetz ein Gesetz sei und Ausnahmen davon unerlaubt seien. Kultur und Politik bildeten zwei getrennte Welten, und die jüdische Emanzipation war entschieden kultureller Natur.

Dem Mittelstand gelang es, alle Herausforderungen an seine Lebensweise erfolgreich zu parieren und selbst den Zweiten Weltkrieg unbeschadet zu überstehen. Als die Unzufriedenheit sich in den 60er Jahren erneut unter den Söhnen und Töchtern dieses Bürgertums breitmachte, wählte ein Großteil der Neuen Linken in Europa und den Vereinigten Staaten die Weimarer Linksintellektuellen zu ihrem Vorbild. Dieses linksintellektuelle Erbe läßt sich kurz umreißen, wenn auch im Zuge der Zersplitterung und Verbreitung der Neuen Linken viele verschiedene Einflüsse wirksam wurden. Die Humanisierung des Marxismus übte eine große Anziehungskraft aus, denn sie machte eine Betonung der zentralen Position des Individuums im revolutionären Prozeß und die Notwendigkeit von Bildung als Voraussetzung für ein Verständnis der Lebenstotalität möglich. Die Suche nach Totalität stand der Fragmentarisierung des bürgerlichen Lebens feindlich gegenüber. Lebensweisen mußten politisches Engagement ausdrücken, während ästhetischer Geschmack einen Teil des politischen Bewußtseins bildete. Auf diese Weise konnten Intellektuelle, Studenten und Professoren eine zentrale Rolle in der revolutionären Avantgarde übernehmen – eine Rolle, die die etablierten sozialistischen Parteien und Gewerkschaften ihnen verweigert hatten. Frühere Generationen jüdischer Linksintellektueller hatten in ihrer jeweiligen Sozialismusform die Hoffnung auf wahre Emanzipation erblickt, die im blendenden Licht einer gemeinsamen Gegenwart und Zukunft eine unbrauchbare Vergangenheit aufgehoben hätte, in der Jude und Nichtjude noch getrennt waren.[43]

Die Neue Linke war überwiegend nichtjüdisch, doch führte sie der Weg aus ihrer akademischen oder bürgerlichen Isolation mehr oder weniger über denselben Pfad, den schon frühere Generationen beschritten hatten. Auch ihr Ziel bestand in der Emanzipation von einer angeblich sterilen Gesellschaft und einer verderbten Kultur im Einklang mit dem revolutionären Prozeß. Das linke Erbe der Weimarer Republik bot sich besonders für eine Revolte derjenigen an, die nicht aus der Arbeiterklasse stammten und deren Umfeld die Universität und nicht die Fabrik war.

Nicht nur lieferten die Linksintellektuellen der Weimarer Republik dieser Neuen Linken später eine revolutionäre Theorie, sondern sie begannen außerdem, ob unter dem Einfluß Hegels oder Kants, einen neuen theoretischen Diskurs, der bleibende Auswirkungen auf die marxistische Wissenschaft hatte. Ihr bedeutendster Beitrag lag dabei wohl in der Anwendung neuer Erkenntnisse in bezug auf die Relevanz der Vergangenheit für die Gegenwart. Akademiker wie Aby Warburg und Ernst Cassirer, hegelianische Marxisten wie der junge Georg Lukács und kantianische Marxisten wie viele der für die »Weltbühne« Schreibenden leiteten einen Prozeß der intellektuellen Infragestellung und Diskussion ein, der bis auf den heutigen Tag andauert.

V

Ende und möglicher Neubeginn

Die wachsende Isolierung gebildeter deutscher Juden wurde bereits lange vor Adolf Hitlers Kriegserklärung an die Juden im Jahre 1937 zur Tatsache: »Ich will ja nicht gleich einen Gegner mit Gewalt zum Kampf fordern, ... sondern ich sage: ›Ich will Dich vernichten!‹ Und jetzt Klugheit hilf mir, Dich so in die Ecke hineinzumanövrieren, daß Du zu keinem Stoß kommst und dann kriegst Du den Stoß ins Herz hinein.«[1] Die Isolation der Juden in Deutschland war in erster Linie, aber nicht ausschließlich, Folge der antisemitischen Woge, die durch das Land ging. Weitaus gefährlichere antisemitische Bewegungen hatten vor dem Ersten Weltkrieg in Frankreich existiert, doch nie waren die französischen Juden derart isoliert gewesen. In Deutschland hingegen führten der verlorene Krieg und der verlorene Frieden dazu, daß die kulturelle Emanzipation der Juden sich gegen diese richtete. Die emanzipatorischen Ideen hatten unter den deutschen Juden nachhaltig Fuß gefaßt. Natürlich bargen diese Ideen, dank ihrer Betonung der Universalität, der Vernunft und der Möglichkeit für jeden, Staatsbürgerschaft durch Bildung zu erreichen, auch die größte Hoffnung auf eine jüdische Assimilation. Die Übernahme dieser Ideen war mit der außergewöhnlichen Sozialstruktur der deutschen Juden verknüpft; sie bildeten einen soliden Mittelstand, in dem es keine Armen gab und Bauern und Arbeiter seltene Randfiguren waren. Die jüdische Integration in das Bürgertum war perfekt, und selbst jene jungen jüdischen Sozialisten, die den bürgerlichen Kapitalismus zurückwiesen, hatten den Kern dieser kulturellen Emanzipation in sich.

Die Juden blieben somit einer Ideologie treu, der die meisten Deutschen bereits abtrünnig geworden waren, und hielten sie unter Bedingungen aufrecht, unter denen das Scheitern dieser Ideologie hätte augenfällig werden müssen. Unter den Nazis hielten sie ihre Fahne hoch, angefangen mit der Aufführung von »Nathan der Weise«, der das Eröffnungsstück des neuen Ghettotheaters bildete. Sie führten das Leben des Bildungsbürgertums selbst im Schatten des drohenden Todes. So kann es nicht verwundern, daß die gebildeten und respektablen jüdischen Honoratioren die Deutschen, mit denen sie über das Schicksal der Juden verhandelten, einfach nicht verstanden; scheinbar nicht weniger respektvoll und gebildet, gefielen sich die Nazis auf der anderen Seite des Tisches darin, ihre Bildung zur Schau zu stellen. Zwar rühmten sich die Nazis ihrer wiederbelebten Volksgemeinschaft, in der jedem die gleiche Chance geboten werden sollte, doch hatte in Wirklichkeit die traditionelle Bildungselite ihren Anteil an der universitären Studentenschaft im Vergleich zur übrigen Bevölkerung vergrößert.[2] Ohnehin entsprach der Bildungsbegriff der Nationalsozialisten nicht mehr der deutsch-jüdischen Tradition.

Die hier untersuchten Denkmuster führten zu gefährlichen Illusionen in bezug auf das Wesen des deutschen Volkes und die Imperative moderner Politik. Die Juden bildeten nicht die einzige Gruppe in Deutschland, die das Bedürfnis, das ein chauvinistischer und rassistischer Nationalsozialismus in einer Krisenzeit befriedigte, und den Erfolg einer auf solch einer irrationalen Grundlage errichteten Massenpolitik nicht erkannten, aber allein für die Juden war diese ausbleibende Erkenntnis tödlich. Ihr Glaube an das Primat der Kultur ordnete die Politik hehren Prinzipien unter. Adolf Hitler wurde als ehemaliger Kunstmaler, als Mitglied des ungebildeten Kleinbürgertums, unterschätzt. Der berühmte Berliner Theaterkritiker Alfred Kerr goß Verachtung über »Die Diktatur des Hausknechts« (1934), wie er sie nannte; Adolf Hitler war die Verkörperung des Pöbels – eines

Pöbels, der Nietzsche gelesen hatte.[3] In Kerrs Buch verband sich jedoch Verachtung mit Erkenntnis. Zum Beispiel vertrat er die Meinung, daß der Erste Weltkrieg für Deutschland noch nicht beendet sei; in seinen Augen führten die Nazis diesen Krieg mit Lügen, Aggressivität und Brutalität fort. Doch drückte Kerr im Titel und in der verharmlosenden Herabsetzung der Nazis Gedanken aus, die unter seinen deutsch-jüdischen Mitexilanten durchaus gängig waren.

Deutsche Juden waren in der Zusammenarbeit mit der extremen Rechten nur dürftig erfahren; für sie stellte die Kultur unbedingt ein liberales und linkes Monopol dar. Daß die Kultur sich erfolgreich durch die Rechte vereinnahmen ließ, schien wider jede Vernunft, und so erkannten die Juden nicht, daß die einst noblen Elemente des Bildungsprinzips in der politischen Liturgie des Nationalsozialismus verstümmelt und verzerrt aufgenommen worden waren. Diese Liturgie nutzte die Schwerpunkte von Ästhetik, klassischen Leitmotiven und Erziehungszweck nach besten Kräften. Die Verbindung zwischen Bildung und Aufklärung war der Zerstörung anheimgefallen; stattdessen stand die Bildungsidee nun in engem Zusammenhang mit Rassismus und Nationalismus. Der Nationalsozialismus bildete lediglich die Klimax einer langen Entwicklung, während derer das Bildungsideal eines Humboldt, Lessing und Goethe zu einem immer eingeschränkteren Begriff verkommen war. Die deutschen Juden, um die es uns hier geht, verharrten, während die Geschichte in eine unvorhergesehene Richtung weitermarschierte.

Im Jahre 1904 hielt der Rabbiner Caesar Seligmann, ein führender Repräsentant der deutsch-jüdischen Reformbewegung, in der Großen Synagoge in Hamburg eine Festpredigt anläßlich der Hundertjahrfeier der Gründung jüdischer Waisenhäuser, in denen die aufklärerischen Bildungsprinzipien des achtzehnten Jahrhunderts fortwirkten. Seine Predigt gab einen Abriß der Geschichte, um deren Untersuchung es uns hier zu tun ist. Vor der Emanzipation der Juden, erklärte er, war der Lebensmut des Judentums gestorben, und die Juden waren von Dunkelheit umgeben. Plötzlich erstanden sie wie durch ein Wunder, und Licht durchbrach die Dunkelheit. Das Bild der vom Dunkel ins Licht führenden Entwicklung durchzieht als charakteristische Metapher der Aufklärungszeit die Geschichte der deutschen Juden als Leitmotiv. Wie nun geschah jenes Wunder? Die »Befruchtung« des Judentums durch die deutsche Kultur wird dargestellt als der Kuß, der den schlummernden Prinzen weckte. Seligmann ruft weiter aus: »Sollen wir die hundert Jahre Pionierarbeit im Dienste deutscher Kultur ... aus unserem Herzen reißen?«[4] Deutsche Juden, so warnte er, dürften sich nicht »einspinnen in die traumselige Romantik der Vergangenheit«. Stattdessen sollten sie sich daran erinnern, was es hundert Jahre zuvor bedeutete, in Deutschland als Jude zu leben; sie sollten die enormen Leistungen anerkennen, dank derer die Juden sich in einen Kulturzustand emporgehoben hätten, der heute als so selbstverständlich angesehen werde.[5]

Doch erwiesen sie dieser Kultur keinen Dienst, fuhr Seligmann fort, wenn sie ihr Judentum ablegten. Gerade das Überleben des Judentums durch die Jahrtausende lege ihnen eine moralische Pflicht auf und enthalte einen kategorischen Imperativ, dem man sich nicht entziehen dürfe. Denn die jüdische Individualität sei keineswegs etwas der deutschen Kultur Entgegengesetztes, sondern fördere diese vielmehr, trügen doch die Menschen guten Willens aller Zeiten dieselben Sehnsüchte und Hoffnungen in sich.[6] An dieser Stelle verkündete Seligmann die Identität von Judentum und deutscher Kultur im Lichte des Aufklärungsbegriffes: Alle Menschen seien von Geburt an gut und moralisch und bildeten Teil des Systems der von Gott verfügten Natur- und Moralgesetze. Dieser Glaube an die natürliche und moralische Ordnung Gottes bedeutete für Seligmann Sorge um das Wohl des Staates, den jede echt religiöse Gemeinschaft fördere, und die Ausbildung von Treue, Pietät und Familiensinn. Die Anforderungen der natürlichen und moralischen Ordnung deckten sich mit den Bedürfnissen der bürgerlichen Gesellschaft, wie das während der Aufklärung der Fall gewesen sei. Seligmann schloß das Judentum in diese natürliche und moralische Ordnung mit ein; die jüdischen religiösen Zeremonien symbolisierten die moralischen Pflichten des Menschen und sein Verhältnis zu Gott. Hier begegneten sich Jüdisches und Deutsches im Deismus der Aufklärung – ermöglicht hatte diese Begegnung die Macht der deutschen Bildung, die die jüdische Seele dem Licht erschlossen hatte.[7]

Seligmann war ein Führer des reformierten, liberalen Judentums, doch sollte deutlich geworden sein, daß die von ihm vertretenen Ideen in unterschiedlichem Grade denen der meisten gebildeten und intellektuellen deutschen Juden entsprachen. Sie wirkten auf Schriftsteller und Gelehrte, Liberale und Linksintellektuelle. Aber darüber hinaus spielten sie auch eine Rolle im deutschen Zionismus. In dem Versuch, eine weltliche jüdische Nation zu errichten, stand das jüdisch-nationale Erwachen unter dem Einfluß sowohl des deutschen Nationalismus als auch eines Appells an spezifisch jüdische Bibeltraditionen. Der deutsche Einfluß entsprang in erster Linie jener Tendenz innerhalb des deutschen Nationalismus, die Solidarität und nicht Herrschaft angestrebt und die nationale Gemeinschaft als Nährboden, nicht als Hindernis für die individuelle Selbstverwirklichung angesehen hatte. Dieser Nationalismus interpretierte Fichte und Herder durch den jüdischen Emanzipationsgedanken, anstatt sich nach jenem aggressiven Nationalismus auszurichten, der dabei war, über die ältere patriotische Tradition in Deutschland zu triumphieren.

Der damalige zionistische Funktionär Hans Kohn faßte 1929 die Ideale einer Gruppe deutscher Zionisten zusammen, zu denen auch Martin Buber und Robert Weltsch, der Herausgeber der offiziellen Zeitung der deutschen Zionisten, der »Jüdischen Rundschau«, gehörten. Seit 1909, als sie einander zum erstenmal begegneten, schrieb er, habe diese Gruppe von Freunden den Zionismus als Bewegung betrachtet, durch die sie ihre grundlegendsten persönlichen Überzeugungen – Pazifismus, Liberalismus und Humanismus – verwirklichen konnten.[8] Buber selbst schrieb einige Jahre später, daß etwas, das für den einzelnen ethisch falsch sei, für die Gemeinschaft nicht als richtig gelten könne, da der einzelne und die Gemeinschaft vor Gott eins seien.[9] Als die »Jüdische Rundschau« die Wahl von »Nathan der Weise« zum ersten vom Jüdischen Kulturbund 1933 aufgeführten Stück kritisierte, wies sie dabei ausdrücklich jede Unterstellung von Provinzlertum von sich und forderte stattdessen, Juden müßten universalen Idealen gegenüber aufgeschlossen sein – aber als Juden.[10] Eine derartige Haltung wirkt vage, genauer sahen diese Zionisten die Loyalität gegenüber dem Volk als notwendigen Schritt in Richtung auf ein humanitäres Engagement an. Dies war sicher kein Nationalismus, den die meisten Europäer nach dem Ersten Weltkrieg anerkannt hätten.

Allerdings bestand der damalige Führer des deutschen Zionismus, Kurt Blumenfeld, darauf, daß der nationalbewußte Jude eine gewisse Distanz zwischen sich und der deutschen Kultur aufrechterhalten sollte, berief sich dabei aber selbst auf die Autorität der deutschen Klassik.[11] Eine klare Trennung mag unmöglich gewesen sein, und es wäre interessant, festzustellen, inwiefern die Elemente von Bildung und Aufklärung sowohl in dieses selbstbewußte Judesein als auch in die jüdische Geschichte und Tradition, die sie für sich beanspruchten, Aufnahme gefunden hatten. Dies läßt sich wohl leichter den Schriften Martin Bubers und seiner Gruppe und selbst Ahad Ha'ams, dem Hebraisten aus Odessa[12], entnehmen als denen der jüngeren Männer und Frauen, die sich für einen aggressiveren postassimilatorischen Zionismus stark machten. Schließlich unterstützten Martin Buber und seine Freunde geschlossen den Kampf um einen jüdisch-arabischen Staat in Palästina.

Diese Zionisten bemühten sich um eine Humanisierung des Nationalismus trotz des völkischen Vokabulars, das sich gelegentlich in ihre Sprache einschlich; was Buber betraf, so mußte die Seele des Individuums die Volksseele in sich einschließen. Doch erblickte man deshalb im Nationalismus nicht die Zerstörung des individuellen Willens und der Persönlichkeit; im Gegenteil bewirkte die Nähe zum Volk für Männer wie Buber und Weltsch Persönlichkeitsbildung aus der jüdischen Substanz heraus. Diese Selbstbildung unterschied sich von dem eigentlichen Bildungsprinzip durch die Betonung von intuitiver Erkenntnis und Erfahrung. Das Ziel war jedoch dasselbe – ein kontinuierlicher Prozeß der Persönlichkeitsentfaltung.

Nun bewegt sich jede Form von Nationalismus von Natur aus nahe am Abgrund des Fremdenhasses und des unangemessenen Stolzes auf die eigene Nation. Diese Zionisten versuchten derartigen Gefahren auszuweichen, indem sie sich an ihr Gemeinschaftsideal und die Überzeugung hielten, die Nation stelle lediglich einen Schritt auf dem Weg zu einer Allgemeinmenschlichkeit dar. Nathan der Weise trat erneut auf den Plan, wenn auch diesmal durch die Hintertür, während Bildungs- und Aufklärungsprinzipien zur Mäßigung des modernen Nationalismus dienten. Es geschah keineswegs allein aus der Schwäche des armee- und staatenlosen jüdischen Volkes heraus, daß diese Männer ihren humanistischen, ja pazifistischen Nationalismus verteidigten, sondern vielmehr aus der tiefempfundenen Überzeugung heraus, die jüdische Nation müsse sich in ihrer Liebe zur gesamten Menschheit und ihrem Respekt gegenüber der Würde und den Fähigkeiten und Möglichkeiten des einzelnen von anderen unterscheiden.

Das Bemühen um eine Humanisierung des Nationalismus bildet eine der wichtigsten Errungenschaften des deutschen Judentums, wenngleich sich diesen Idealen auch linksgerichtete Zionisten aus Osteuropa anschlossen. So beeinflußte Aaron David Gordon, der 1904 von Rußland nach Palästina ausgewandert war, Zionisten wie Hans Kohn und Hugo Bergmann, Persönlichkeiten der deutschen Kultur, die sich seinen Begriff »Das menschliche Volk« zu eigen machten. Gordons Überzeugung, die Erlösung eines Volkes könne nicht durch politischen Erfolg und schon gar nicht durch einen militärischen Sieg, sondern einzig und allein durch seine geistig-moralische Wiedergeburt herbeigeführt werden, bestätigte die Ideale dieser deutschen Zionisten.[13] Dies ist ein Teil der zionistischen Geschichte, der noch zu schreiben ist. Denn obwohl der Zusammenprall mit der politischen Wirklichkeit ihn letztlich schwächte, handelte es sich hierbei doch um einen der wenigen Versuche jüngerer Zeit, ein nationales Erwachen aus einer engstirnigen und provinzlerischen Sichtweise in ein umfassenderes humanistisches Ideal zu lenken und an eine patriotische und nicht an die nationalistische Gesinnung zu appellieren, die Europa in einige der blutigsten Kriege seiner Geschichte gestürzt hatte.

Die jüdische Orthodoxie war wie der Zionismus beeinflußt von der kulturellen Emanzipation der deutschen Juden. Ihr Führer Samson Raphael Hirsch vertrat den Standpunkt, daß Freiheit unter dem Gesetz, Tugend und Sittlichkeit, wie im Zeitalter der jüdischen Emanzipation verkündet, sich auf jüdisches Gedankengut und jüdische Werte gründeten, die die Herzen des deutschen Volkes erobert hätten. Aber, fuhr er fort, es war der edle Geist eines Schiller, durch den es den Juden möglich wurde, als Menschen unter Menschen zu leben.[14] Da die deutsch-jüdische Orthodoxie nicht zurück ins Ghetto wollte, nahm sie die Emanzipation so freudig an wie der Führer der jüdischen Reformbewegung, Caesar Seligmann. Die Rückkehr in eine Vergangenheit, in der Juden ihrer Menschlichkeit selbst beraubt schienen, bot keiner Gruppierung unter den deutschen Juden eine Alternative.

Wir haben gezeigt, wie ein Bestandteil der deutschen Kultur zu einem Kernstück des jüdischen Erbes wurde. Um diese Neudefinition des jüdischen Wesens zu verstehen, müssen wir die Geschichte des deutschen Judentums aus der Perspektive seiner Emanzipation und nicht vom Wissen um seine brutale Ausrottung her betrachten, die kaum ein Jude oder Nichtjude während dieser langjährigen Geschichte je voraussehen konnte.

Natürlich teilten nicht alle deutschen Juden diese Ideale, vielmehr fanden sich unter den über eineinhalb Millionen Männern und Frauen viele verschiedene Denkweisen und Meinungen, nicht zuletzt, weil die meisten deutschen Juden sich durch Bildung und Wortgewandtheit auszeichneten. Trotzdem nahm das Erbe der kulturellen Emanzipation eine bleibende Stellung im täglichen Leben aller Juden ein.

Darüber hinaus diente dieses Erbe, ungeachtet des jeweiligen

Ausmaßes, in dem das deutsche Bildungs- und Aufklärungsgut das Jüdische geprägt hatte, als Waffe im Kampf gegen eine neue Ghettoisierung, nachdem die Nazis die Juden aus dem deutschen Kulturleben ausgeschlossen hatten. So wie die gerade emanzipierten Juden sich diese deutsche Kultur angeeignet hatten, wandten sich die von der Entrechtung bedrohten Juden nun der Bildungs- und Aufklärungstradition zu, um die Tür zur nichtjüdischen Welt offenzuhalten und einen Raum zu schaffen, in dem sie weiterhin deutsche Juden sein konnten. Bei der Gründung des »Kulturbunds Deutscher Juden« im Jahre 1933 wies Julius Bab ausdrücklich das Argument zurück, die Juden wollten mittels dieser kulturellen Organisation ihre eigenen Ghettomauern aufbauen. Zudem erklärte er, sie wollten keine eindimensionale jüdische Kultur pflegen, sondern die große deutsche Kultur, deren Boden sie genährt habe. Diese Kultur stelle nämlich die würdigste Haltung gegenüber allem Menschlichen dar – einen wesentlichen Bestandteil des Jüdischen.[15] Was die deutsche Kultur den deutschen Juden bedeutete, wie sehr sie Teil ihres eigenen Wesensgehalts geworden war – darüber läßt sich wohl schwerlich eine bessere Zusammenfassung finden.

Die erneute Bestätigung der deutschen Kultur erfolgte zu einer Zeit, als das jüdische Kulturghetto noch nicht völlig Wirklichkeit war, denn bis zur Verschärfung der antijüdischen Maßnahmen im November 1938 konnten die Juden an deutschen Kulturveranstaltungen teilnehmen und waren in dieser Beziehung nicht auf den Kulturbund angewiesen. Nach dem November 1938 blieb ihnen dann nur noch der Kulturbund, der jedoch jetzt ein Schattendasein führte und seine Aktivitäten hauptsächlich auf die Unterstützung der jüdischen Emigration aus Deutschland richtete.[16] Wenn also der Kulturbund während der ersten fünf Jahre des Dritten Reichs auch mit der deutschen Kulturszene um Zuschauer wetteifern mußte, so zwang er den deutschen Juden doch immerhin eine Diskussion darüber auf, worin denn das »Jüdische« in ihrer kulturellen Emanzipation bestanden hatte.

Der für die Kontrolle des jüdischen Kulturlebens verantwortliche Nazi-Funktionär Hans Hinkel erklärte 1937 gegenüber einer Parteizeitung, der Kulturbund könne von Juden oder Nichtjuden verfaßte Werke aufführen, in denen es um jüdische Themen gehe, während Namen wie Shakespeare, Molière, Verdi, Johann Strauss, Shaw und Ibsen eine herausragende Stellung im Repertoire einnähmen; Anträge zur Aufführung der Werke von Beethoven, Mozart und Goethe grenzten an Vermessenheit und müßten deshalb zurückgewiesen werden. Ausländische Literatur war erlaubt, der Schutz des deutschen Kulturguts mußte jedoch gewährleistet werden. Doch Mozarts »Zauberflöte«, Beethoven und Schubert bildeten Teile des Kulturbundprogramms von 1936.[17]

Die Widersprüchlichkeiten in der von Hinkel geübten Zensur lassen sich wohl durch den Druck erklären, dem er von seiten der örtlichen Parteiämter ausgesetzt war. So beschwerte sich eine Berliner Gauleitung der NSDAP beim Propagandaleiter der Kreisleitung über die Taktlosigkeit einer »Fidelio«-Aufführung mit rein jüdischer Besetzung im nationalsozialistischen Deutschland und reagierte aufgebracht, als die »Monatsblätter« des Kulturbundes Goethe priesen: »Was haben denn Beethoven und Goethe mit den Juden gemein?«[18] Die Antwort hätte lauten sollen: »Mehr als die heutigen Deutschen«, doch von Hinkel, der der nationalsozialistischen Partei bereits 1921 beigetreten war (seine Parteinummer war 287), ließ sich eine solche Einsicht kaum erwarten, mochte er sich auch noch so sehr mit der Aussage brüsten, der Kulturbund beweise das Entgegenkommen der Nazis gegenüber ihrem größten Feind; einen Großteil seiner journalistischen Karriere verbrachte er damit, die Juden als »Meister der Lüge« anzugreifen.[19]

Der Kulturbund nutzte die nicht-deutschen Klassiker nach besten Kräften. Da Österreich zumindest bis 1938 noch als Ausland galt, schlüpften in der Anfangszeit sogenannte deutsche Werke durch die Maschen der Zensur. »Nathan der Weise« konnten die deutschen Juden nun ganz für sich beanspruchen, denn eine Aufführung von Lessings Drama auf deutschen Bühnen war verboten.[20]

So mühte sich der Kulturbund, so viel wie möglich von der »großen Kultur« aufzuführen, während er gleichzeitig nach einer neuen zeitgemäßen Definition des Judentums rang. Noch ließ sich keine klare Definition ausmachen: auf der Vollversammlung des Kulturbundes im Jahre 1936 verwahrte sich die Gruppe erneut unmißverständlich gegen die Schaffung eines »Kulturghettos«. Sie verkündete, eine ausschließlich jüdische Kultur gebe es nicht, man sollte vielmehr die der gesamten Menschheit gehörenden Klassiker in einem jüdischen Rahmen präsentieren.[21]

Georg Hermann, der Autor von »Jettchen Gebert«, den ein Kulturbundredner als beispielhaft für die besten Traditionen der deutsch-jüdischen Vergangenheit rühmte, stellte sich 1936 einer Untersuchung über die Zukunft der jüdischen Literatur. Er vertrat die Ansicht, daß es sich bei der sogenannten jüdischen Literatur lediglich um von Juden geschriebene und empfundene Literatur handele, während für hebräische und jiddische Literatur bestenfalls eine Zukunft in Palästina bestehe.[23] In einem Artikel über das Kulturbundtheater versuchte eine jüdische Zeitung den gordischen Knoten durchzuhauen, indem sie behauptete, nicht der Inhalt bestimme kulturelle Werte, es sei vielmehr Aufgabe des Schauspielers, dem Publikum jüdische Werke und Charakter durch seine Haltung zu vermitteln, egal um welches Stück es sich handele.[24]

Ihres Selbstverständnisses beraubt, wußten die deutschen Juden nun nicht, wohin sie sich wenden sollten; es war durchaus einfacher gewesen, in den berauschenden Emanzipationszeiten eine neue Identiät zu finden, als jetzt, da sie sich mit einer plötzlichen Ghettoisierung konfrontiert sahen. Sich an die inzwischen zur Tradition gewordenen Werte zu klammern, bildete eine verständliche Reaktion; ebenso traf man die ehemaligen Leiterinnen des Jüdischen Frauenbundes bei der Goethelektüre an, während sie auf die Deportation warteten.[25] Der jüdischen Kultur Osteuropas blieb die Anerkennung als gültiger Ersatz versagt; ja, der Kulturbund hielt sie außerhalb der religiösen Sphäre bestenfalls für zersplittert und sprach ihr jegliche kulturelle Einheitlichkeit ab.[26] Wer wollte schon in eine Ghettovergangenheit zurückkehren und sich an das würdelose, jeglicher Menschlichkeit beraubte Leben der Juden erinnern, wie es die traditionelle Überlieferung beschrieb? Als dann auch Moritz Oppenheim als erster deutsch-jüdischer Maler kurz nach der Emanzipation Szenen aus dem Ghetto darstellte, verwandelte er diese, wie wir bereits gesehen haben, in eine von deutschen bürgerlichen Werten durchdrungene Gemeinschaft[27] – aus dem Dunkel ins Licht gehoben. Vor einem derartigen Hintergrund ist das mangelnde Interesse des Kulturbundpublikums an Stücken, die aus dem Jiddischen oder Hebräischen übersetzt waren, unschwer zu erklären.[28] Stattdessen leistete das jüngste jüdische Ghetto Widerstand gegen ein erneutes Abschieben in die Dunkelheit aufgrund einer Definition des Jüdischen, die die Juden selbst als archaisch empfanden, und suchte weiterhin Trost in Bildung und Aufklärung.

Die bereits erwähnten Widersprüchlichkeiten in Hinkels Zensur erlaubten es den Juden, sich 1936 öffentlich zum hundertsten Todestag von Wilhelm von Humboldt zu äußern. Wieder einmal leuchtete ihnen das Beispiel echter Bildung in dunklen Zeiten. »Der Morgen«, eine von Anfang an den Bildungs- und Aufklärungsidealen verpflichtete jüdische Zeitschrift, erinnerte an die Feier zu Humboldts hundertstem Geburtstag im Jahre 1867, zu der ein Jude, der Philosoph Heymann Steintal, vor den Berliner Studenten gesprochen hatte. Die Zeiten hätten sich geändert, nicht aber das Streben der deutschen Juden nach diesen Idealen, bestätigte die Zeitschrift und fuhr fort: »An Humboldts hundertstem Todestag dürfen wir uns nicht zu so hohen Worten erheben. Aber wir wollen uns dankbar zu Humboldts Geist bekennen; denn mit Lessing und Kant, Goethe und Schiller zusammen verkörpert er jenes innere Deutschland, an dem auch wir einen unverlierbaren Anteil haben, so lange wir uns strebend darum bemühen.«[29]

1940 schien es jedoch, als habe der nationalsozialistische Druck die endgültige kulturelle Trennung zwischen Deutschland und Juden herbeigeführt. Der Katalog der vom Kulturbund verkauften Bücher – längst nicht mehr gedruckt, sondern bloß hektographiert – enthielt keine deutschen Werke, nicht einmal solche Meilensteine der deutsch-jüdischen Symbiose wie Georg Hermanns »Jettchen Gebert«. Dagegen beherrschte die jüdische Literatur Osteuropas die Liste neben Büchern deutscher Juden über osteuropäische Ghettos und Werken von Autoren, die die Nazis für typisch jüdisch hielten, wie Heinrich Heine und Moses Mendelssohn.[30] Doch eine in der Liste enthaltene und vor der Machtübernahme der Nazis entstandene Moses-Mendelssohn-Biographie für die jüdische Jugend trat für die Ideale der Toleranz, der Freundschaft zwischen Christen und Juden und die Annahme der deutschen Sprache und der deutschen Gebräuche ein.[31] Und dies war wahrscheinlich nicht das einzige Werk, das vordergründig ein typisch jüdisches Thema behandelte, in Wirklichkeit jedoch fortfuhr, die besten deutschen Kulturschätze zu loben.

Die Geschichte der deutschen Juden ging ihrem Ende entgegen und mit ihr jene Definition des Judentums, der wir auf diesen Seiten nachgegangen sind. Als aber Nathan einsam und verlassen auf der Bühne zurückblieb, als der Sultan und der Templer Arm in Arm abmarschierten, trog der Schein. Hinter Nathan nämlich standen neue Generationen, begierig darauf, ein lang überlebt und vergessen geglaubtes kulturgeschichtliches Erbe anzutreten. Wir haben dieses Erbe nur in Teilen umrissen – hauptsächlich in seinen Auswirkungen auf die akademischen Disziplinen und die Linksintellektuellen –, doch fand das aufklärerische Bildungsideal in Deutschland nach dem Zweiten Weltkrieg neue Anhänger. Allerdings ist es schwierig, dieses Erbe genau ausfindig zu machen, denn die direkten und eindeutigen Hinweise auf die deutsch-jüdische Tradition sind spärlich. Aber im Zuge einer Entwirrung dieser Tradition innerhalb der allgemeinen Geschichte der deutschen Juden als einer spezifischen Form des jüdischen Selbstverständnisses wird uns auch eine Bewertung seines Erbes leichter fallen.

Offensichtlich scheint allemal, daß dieses Erbe viele der besten und edelsten Elemente innerhalb der deutschen Kultur enthielt. Bildung, Toleranz und Rationalität stellen nach wie vor vielversprechende Ideale in einer instabilen Welt dar, während die Humanisierung der Gesellschaft, des Marxismus und vor allem des Nationalismus für ein Überleben unabdingbar ist. Nach ihrer Emanzipation nahmen die deutschen Juden ein Judentum an, das Respekt forderte; sie handelten aus einer empfundenen Notwendigkeit heraus, genau wie der Emanzipationsprozeß sie zur Entwicklung eines neuen jüdischen Selbstverständnisses gedrängt hatte. Diese jüdische Identität schloß die Aufrechterhaltung religiösen Glaubens, ritueller und zeremonieller Inhalte kaum jemals gänzlich aus. Wir haben nur an wenigen Stellen auf diese Aspekte hingewiesen, weil es uns hier um ein weltliches Selbstverständnis in einem zunehmend säkularen Zeitalter geht.

Der deutsch-jüdische Dialog fand unbestreitbar statt, und in ihm verkörperten die Juden, mit denen wir uns hier befaßt haben, eine Tradition des deutschen Humanismus, die einst Deutschen und Juden Raum für Freundschaft und gegenseitiges Verstehen gewährt hatte. Die Liberalen und Linksintellektuellen hielten die Flamme aus dem Exil heraus lebendig; ob sie auch in Deutschland heimlich weiterbrannte, ist schwieriger einzuschätzen. Aber es war das deutsch-jüdische Bildungsbürgertum, das mehr als jede andere Einzelgruppe für die Erhaltung von Deutschlands »besserem Selbst« – durch Diktatur, Krieg, Holocaust und Niederlage hindurch – sorgte.

Anmerkungen

I. Eine kulturelle Emanzipation

1 Jacob Toury, *Soziale und politische Geschichte der Juden in Deutschland*, Düsseldorf 1977, S. 112.
2 Zitiert in Eva G. Reichmann, *Größe und Verhängnis deutsch-jüdischer Existenz*, Heidelberg 1974, S. 22.
3 David Frankel, Hrsg., *Sulamith, Eine Zeitschrift zur Beförderung der Kultur und Humanität unter den Israeliten*, Jg. 3, 2/1811, S. 239.
4 Diese Definition bezieht sich auf David Sorkin, »Wilhelm von Humboldt: The Theory and Practice of Self-Formation, 1791–1810«, *Journal of the History of Ideas*, Januar 1983, S. 55–73. Dies ist eine der besten Erörterungen des Bildungsbegriffs; siehe auch David Sorkin, Ideology and Identity: *Political Emancipation and the Emergence of a Jewish Subculture in Germany, 1800–1948*, Diss., University of California, Berkeley 1983. Ich habe dieser Arbeit wichtige Anstöße zu verdanken.
5 Hans Weil, *Die Entstehung des deutschen Bildungsprinzips*, Bonn 1930, S. 47.
6 Johann Wolfgang von Goethe, *Wilhelm Meisters Lehrjahre*, in: Insel Goethe Werkausgabe, Bd. 4, Frankfurt 1984, S. 117.
7 Sorkin, *Ideology and Identity*, S. 20.
8 Hans Bayer, »Zur Soziologie des bürgerlichen Bildungsbegriffs«, *Paedagogica Historica 15*, 1975, S. 331, Anm. 1.
9 Berthold Auerbach, *Schrift und Volk*, Leipzig 1846, S. 323.
10 Ebenda, S. 300.
11 Ignaz Maybaum, *Synagogue and Society: Jewish-Christian Collaboration in the Defense of Western Civilization*, London 1944, S. 86.
12 Toury, *Soziale und politische Geschichte*, S. 112; Heinz Holeczek, »The Jews and the German Liberals, *Yearbook XXVIII*, Leo Baeck Institute 1983, S. 80.

13 Auerbach, *Schrift und Volk*, S. 267f.
14 Berthold Auerbach, *Neue Dorfgeschichten*, Band 1, Stuttgart 1876, S. 86.
15 Klemens Felden, *Die Übernahme des antisemitischen Stereotyps als soziale Norm durch die bürgerliche Gesellschaft Deutschlands, 1875–1900*, Diss., Heidelberg 1962, S. 33.
16 Brief, 9. April 1881, *Berthold Auerbach, Briefe an seinen Freund Jakob Auerbach*, Band 2, Frankfurt/M. 1884, S. 453.
17 George L. Mosse, *The Crisis of German Ideology*, New York 1965, S. 25f.
18 Weil, *Die Entstehung*, S. 149.
19 *Sulamith*, Jg. 2, 1808, S. 182.
20 Friedrich Schiller, *Über die ästhetische Erziehung des Menschen*, Stuttgart 1965, S. 36.
21 Thomas Nipperdey, *Deutsche Geschichte 1800–1866*, München 1983, S. 540.
22 Wilhelm von Humboldt, »Wesen der Schönheit«, *Gesammelte Werke*, Berlin 1843, S. 344.
23 *Sulamith*, Jg. 1, 1806, S. 9.
24 G. Salomon, *Auswahl mehrerer Predigten zunächst für Israeliten*, Dessau 1818, *passim; Israelitisches Predigt- und Schul-Magazin 1*, Magdeburg 1834, S. 8.
25 Wilhelm von Humboldt, »Ideen zu einem Versuch, die Grenzen der Wirksamkeit des Staates zu bestimmen«, *Werke in fünf Bänden*, Band 1, Stuttgart 1960, S. 105.
26 Benno Offenburg, *Das Erwachen des deutschen Nationalbewußtseins in der Preußischen Judenheit*, Diss., Universität Hamburg 1933, S. 61; Karl Schwarz, *Die Juden in der Kunst*, Berlin 1928, S. 123.
27 *Zuruf an die Jünglinge, welche den Fahnen des Vaterlands folgen*, Berlin 1813, S. 58.
28 Christoph Prignitz, *Vaterlandsliebe und Freiheit. Deutscher Patriotismus 1750 bis 1850*, Wiesbaden 1981, S. 31.
29 Karl Hoffmann, *Des Teutschen Volkes Feuriger Dank und Ehrentempel*, Offenbach 1815, S. 259, 536.
30 Rudolf Vierhaus, »›Patriotismus‹ – Begriff und Realität einer moralisch-politischen Haltung«, *Deutsche patriotische und gemeinnützige Gesellschaften. Wolfenbüttler Forschungen 8* (ohne Datum), S. 15.
31 Prignitz, *Vaterlandsliebe und Freiheit*, S. 133.
32 Ebenda, S. 134.
33 Sorkin, *Wilhelm von Humboldt*, S. 60.
34 Ebenda, S. 72.

35 Auerbach, *Schrift und Volk*, S. 322.
36 Goethe, *Wilhelm Meisters Lehrjahre*, S. 157.
37 Gotthold Ephraim Lessing, *Die Juden* (Szene 22), zitiert in: Paul R. Mendes-Flohr und Jehuda Reinharz, Hrsg., *The Jews in the Modern World*, New York und Oxford 1981, S. 56.
38 Moses Mendelssohn, *Ungedrucktes und Unbekanntes von ihm und über ihn*, Hrsg. M. Kayserling, Leipzig 1883, S. 21.
39 Berthold Auerbach, *Dichter und Kaufmann. Ein Lebensgemälde aus der Zeit Moses Mendelssohns*, Band 1; *Berthold Auerbachs gesammelte Schriften*, Band 12, Stuttgart 1864, S. 208.
40 Ludwig Geiger, *Geschichte der Juden in Berlin*, Berlin 1871, S. 107.
41 J. Wolf, *Sechs Deutsche Reden, gehalten in der Synagoge zu Dessau, etc.*, Band 2, Dessau 1813, S. 16.
42 George L. Mosse, *Nationalism and Sexuality. Respectability and Abnormal Sexuality in Modern Europe*, New York 1985, Kap. IV; dtsch.: *Nationalismus und Sexualität. Bürgerliche Moral und sexuelle Normen*, München 1985, Kap. IV.
43 Nipperdey, *Deutsche Geschichte*, S. 540.
44 Theodor Fontane, *Jenny Treibel*, München 1959, S. 71.
45 F. Paulsen, *Das deutsche Bildungswesen in seiner geschichtlichen Entwicklung*, Leipzig und Berlin 1906, S. 110–114.
46 Ernst Bloch, *Das Prinzip Hoffnung*, 2 Bände, Frankfurt/M. 1959, besonders Band 1.
47 Kenneth Barkin, »Social Control and the Volksschule in Vormärz Prussia«, *Central European History 16*, März 1983, S. 32; Peter Berglar, *Wilhelm von Humboldt*, Reinbek bei Hamburg 1970, S. 87.
48 Rüdiger vom Bruch, *Wissenschaft, Politik und öffentliche Meinung. Gelehrtenpolitik im wilhelminischen Deutschland (1890–1914)*, Husum 1980, besonders S. 414–426.
49 Ludwig Marcuse, *Das Tagebuch* (26. September 1933), S. 1526.
50 Christian Boeck, *Schleiermachers Vaterländisches Wirken 1806–1813*, Berlin 1920, S. 7, 10; Leonard Krieger, *The German Idea of Freedom*, Boston 1957, S. 183 ff.
51 Fritz K. Ringer, *The Decline of the German Mandarins: The German Academic Community, 1890–1933*, Cambridge 1969, S. 136; dtsch.: *Die Gelehrten. Der Niedergang der deutschen Mandarine 1890–1933*, Stuttgart 1983, S. 157.
52 George L. Mosse, »Friendship and Nationhood: About the Promise and Fulfilment of German Nationalism«, *Journal of Contemporary History 17* (April 1982), S. 358.
53 George L. Mosse, *Towards the Final Solution*, New York 1978, Kap. II.

54 Walter Benjamin an Ludwig Strauss, 7. Januar 1913. Jewish National and University Library, Jerusalem, Archives Ms. Var. 424, 196/9, S. 4.
55 »Gespräch mit Maria Jahoda«, *Ästhetik und Kommunikation*, Nr. 51 (Juni 1983), S. 72.
56 Jehuda Reinharz, Hrsg., *Dokumente zur Geschichte des Deutschen Zionismus, 1882–1933*, Tübingen 1981, S. 138.
57 Ernst Bloch, *Auswahl aus seinen Schriften*, Hrsg. Hans Heinz Holz, Frankfurt/M. 1967, S. 158.
58 *Caesar Seligmann (1860–1950). Erinnerungen*, Frankfurt/M. 1975, S. 143.
59 Hannah Arendt, zitiert in: Karl S. Guthke, »Lessing und das Judentum. Rezeption. Dramatik und Kritik. Krypto-Spinozismus«, *Wolfenbüttler Studien zur Aufklärung* 4, Wolfenbüttel 1977, S. 236.
60 Gabriel Riesser, *Einige Worte über Lessings Denkmal*, Frankfurt/M. 1881 (Erstveröffentlichung 1831), S. 7.
61 *Allgemeine Zeitung des Judentums*, Jg. 45, Nr. 7 (15. Februar 1881), S. 100.
62 Riesser, *Einige Worte*, S. 12f.
63 Elisabeth Petuchowski, »Zur Lessing-Rezeption in der deutsch-jüdischen Presse. Lessings 200. Geburtstag (22. Januar 1929)«, *Lessing Jahrbuch XIV* (1980), S. 47.
64 Ebenda.
65 Julius Bab, »Kulturbund Deutscher Juden«, *Der Schild*, Jg. 12, Nr. 17 (14. IX. 1933), S. 148; *Jüdische Rundschau*, Nr. 79/80 (4. IX. 1933), S. 624.
66 Herbert Freeden, *Jüdisches Theater in Deutschland*, Tübingen 1964, S. 27f.
67 *Jüdische Rundschau*, Nr. 59 (25. VIII. 1933), S. 363; ebenda, Nr. 63 (8. VII. 1933), S. 405.
68 Modris Eksteins, *The Limits of Reason: The German Democratic Press and the Collapse of the Weimar Republic*, Oxford 1975, S. 37, 118. Für den einflußreichen deutsch-jüdischen Philosophen Hermann Cohen stellte die Freilassung des Hauptmanns Dreyfus aus dem Gefängnis ein messianisches Ereignis dar. Nathan Rotenstreich, »Hermann Cohen's Position in the Development of Nineteenth and Twentieth Century Philosophy and his Philosophy of Judaism«, *International Conference on German Jews*, Clark University, Worcester, Mass., 8.–11. Oktober 1983.
69 Eksteins, *The Limits of Reason*, S. 307.
70 George L. Mosse, *Masses and Man*, New York 1980, S. 155.
71 *Sulamith*, Jg. 1 (Leipzig 1806), S. 128.
72 Marjorie Lamberti, *Jewish Activism in Imperial Germany*, New Haven und London 1978, S. 25, 37 und *passim*.

73 Rabbiner Dr. Werner, *Judentaufen* (Rede vor dem C.V. 9. Februar 1910), *Im Deutschen Reich*, Feldbücherei des C.V. (ohne Datum), S. 22, 42.

74 Stefan Zweig, *Die Welt von Gestern*, Frankfurt/M. 1962, S. 105.

75 Leon Botstein, »Stefan Zweig and the Illusion of the Jewish European«, in: Marion Sonnenfeld, Hrsg., *Stefan Zweig*, Albany, N. Y. 1983, besonders S. 90, 92.

76 David Turner, »The Humane Ideal in Stefan Zweig's *Novelle*: Some Complications and Limitations«, in: Sonnenfeld, Hrsg. *Stefan Zweig*, S. 160.

II. Deutsche Juden und Deutsche Volkskultur

1 George L. Mosse, *The Crisis of German Ideology*, New York 1964, S. 243 f.; Rudolf Kaula, *Der Liberalismus und die Deutschen Juden. Das Judentum als konservatives Element*, München und Leipzig 1918, S. 99. Zum Konflikt zwischen Traditionalisten und Modernisten in der Weimarer Republik siehe Walter Laqueur, *Weimar Culture*, New York 1974, Kap. 4 und 5.

2 Gustav Wyneken, *Wickersdorf*, Lauenburg/Elbe 1922, S. 33.

3 Während einige Juden Bayreuth auch weiterhin unterstützten, zogen sich andere, wie Rudolf Pringsheim, nach Wagners zunehmend heftigeren antisemitischen Ausfällen zurück. Cosima Wagner, *Die Tagebücher*, Band 2 (1878–84), München und Zürich 1977, S. 162.

4 Leo Baeck, *Das Wesen des Judentums*, Frankfurt/M. 1926, S. 281.

5 Paul R. Mendes-Flohr, »The Study of the Jewish Intellectual: Some Methodological Proposals«, in: F. Malino und P. Cohen Albert, Hrsg., *Essays in Modern Jewish History: A Tribute to Ben Halpern*, Rutherford, N. J. 1981, S. 161.

6 David Turner, »The Study of the Jewish Intellectual: Some Methodological Proposals«, in: Sonnenfeld, Hrsg., *Stefan Zweig*, Albany, N. Y. 1983, S. 158.

7 Emil Ludwig, *Genie und Charakter. Zwanzig männliche Bildnisse*, Berlin 1925, S. 275, 281. Diese Bemerkungen fallen in einem kritischen Porträt des melancholischen homosexuellen Schriftstellers Hermann Bang.

8 Berthold Auerbach, *Schrift und Volk*, Leipzig 1846, S. 58, 80, 92.

9 Leo Löwenthal, *Literatur und Gesellschaft*, Neuwied und Berlin 1964, S. 196, Anm. 3.

10 Emil Ludwig, *Geschenke des Lebens. Ein Rückblick*, Berlin 1931, S. 103 f.

11 Ebenda, S. 573.
12 D. A. Prater, *European of Yesterday: A Biography of Stefan Zweig*, Oxford 1972, S. 316.
13 Martin Buber, *Briefwechsel aus sieben Jahrzehnten*, Grete Schaeder, Hrsg., Band 1 (1897–1918), Heidelberg 1978, S. 431.
14 Ebenda, S. 499.
15 Zitiert in Erich Fitzbauer, Hrsg., *Stefan Zweig. Durch Zeiten und Welten*, Graz und Wien 1961, S. 27.
16 Emil Ludwig, *Wilhelm der Zweite*, Berlin 1928, S. 10.
17 Annamaria Rucktaschel und Hans Dieter Zimmermann, Hrsg., *Trivialliteratur*, München 1976, S. 233.
18 Emil Ludwig, *Kunst und Schicksal. Vier Bildnisse*, Bern 1953 (Erstveröffentlichung 1927), S. 7.
19 Leon Edel, *Bloomsbury*, New York 1961, S. 253.
20 Stefan Zweig, *Sternstunden der Menschheit* (Insel-Bücherei, ohne Datum), S. 116.
21 Biographien in Ludwig, *Genie und Charakter, passim*.
22 Walther Rathenaus Weltbild, *Gemeindeblatt der Jüdischen Gemeinde zu Berlin*, Jahrgang 17, Nr. 7 (1. Juli 1927), S. 1.
23 Stefan Zweig, »Walther Rathenau«, in: *Europäisches Erbe*, Frankfurt/M. 1969, S. 234.
24 Ludwig, *Genie und Charakter*, S. 141.
25 Zweig, *Europäisches Erbe*, S. 237–238.
26 Walther Rathenau, *Zur Kritik der Zeit*, Berlin 1912, S. 219.
27 Als Beispiel, wenn auch Rathenaus Fähigkeit zur Freundschaft gegenüber kritisch eingestellt, siehe Harry Graf Keßler, *Walther Rathenau: Leben und Werk*, Berlin 1928, Kap. V.
28 Leonard Baker, *Days of Sorrow and Pain: Leo Baeck and the Berlin Jews*, New York und Toronto 1978, S. 99.
29 Ludwig, *Genie und Charakter*, S. 51, 54.
30 Ebenda, S. 256.
31 Prater, *European of Yesterday*, S. 399.
32 Emil Ludwig, *Führer Europas nach der Natur gezeichnet*, Amsterdam 1934, S. 10f.
33 Alfred Wolf, »Stefan Zweig and Judaism – A Letter and an Interview«, *Judaism 31* (Frühjahr 1952), S. 243.
34 *Der Jude*, Sonderheft Antisemitismus und Jüdisches Volkstum (1925), S. 132.
35 Prater, *European of Yesterday*, S. 270.
36 Diese Ansicht vertrat Helmut Gruber, *The Politics of German Literature, 1914 to 1933: A Study of the Expressionists and Objectivists*, Ann Arbor, Mich., 1962, S. 196.
37 Emil Ludwig, *Der Menschensohn*, Berlin 1928, S. 262.

38 Ludwig Marcuse bemerkt dies in »Die Emil-Ludwig-Front«, *Das Tagebuch*, S. 12 (1931), S. 142.
39 Emil Ludwig, *An die Laterne! Bilder aus der Revolution*, Charlottenburg 1919, S. 55, 83.
40 Stefan Zweig, *Die Welt von Gestern*, Berlin 1962, S. 219; Martin Buber, *Briefwechsel aus sieben Jahrzehnten*, Band 2 (1918–38), Heidelberg 1973, S. 17.
41 Eine gute Darstellung seiner Gedanken zu diesem Thema findet sich in Stefan Zweig, *Triumph und Tragik des Erasmus von Rotterdam*, Frankfurt/M. 1950, S. 9–24.
42 Stefan Zweig, *Briefe an Freunde*, Hrsg. Richard Friedenthal, Frankfurt/M. 1978, S. 155.
43 Prater, *Europeans of Yesterday*, S. 174.
44 Zweigs Unterscheidung zwischen Humanismus und Politik erfährt eine deutliche Darstellung in seinem *Erasmus von Rotterdam*, S. 102ff.
45 Stefan Zweig, *Briefe an Freunde*, S. 228.
46 George L. Mosse, »What Germans Really Read«, *Masses and Man*, New York 1980, S. 52–69.
47 *Die Gartenlaube*, Nr. 20 (1882), S. 451, 455; *Die Gartenlaube*, Nr. 19 (1881), S. 308–314.
48 Mosse, »Death, Time, and History: Volkish Utopia and its Transcendence«, *Masses and Man*, S. 69–86.
49 Ebenda, S. 69–71. Ich erörtere hier die apokalyptische und tausendjährige Tradition und deren Einfluß auf die politische Rechte – ein Gegengewicht zur liberalen Tradition der deutschen Juden. Diese deutsche Revolution hatte jedoch vielerlei Formen; sie war nicht zuletzt Teil der sogenannten Lebensreformbewegung und beeinflußte darüber hinaus die vielen wandernden halbanarchistischen Propheten in der Weimarer Republik (Ulrich Linse, *Barfüßige Propheten. Erlöser der zwanziger Jahre*, Berlin 1983, *passim*).
50 Heinrich Anacker, *Die Fanfare. Gedichte der Erhebung*, München 1936, S. 116.
51 David Gross, »Marxism and Utopia: Ernst Bloch«, *Towards A New Marxism*, St. Louis 1973, S. 85–100.
52 Steven E. Aschheim, *Brothers and Strangers: The East European Jews in German and German Jewish Consciousness, 1800–1923*, Madison, Wisc. 1982, Kap. 6; einige wurden, angeregt durch Bubers Erzählungen, praktizierende Juden und Zionisten und blieben dies auch, wie beispielsweise Salman Schocken, Gründer des Schokken-Verlags und der hebräischen Tageszeitung *Haaretz* (Stephen M. Poppel, »Salman Schocken and the Schocken Verlag«, *Yearbook XVII* (Leo Baeck Institute 1974), S. 93, Anm. 2).

53 Martin Buber, »Bildung und Weltanschauung« (Frankfurter Lehrhausrede), *Mittelstelle für jüdische Erwachsenenbildung, Reichsvertretung der Juden in Deutschland* (Frankfurt/M., April 1937), S. 1.
54 George L. Mosse, *Germans and Jews*, New York 1979, S. 85–89.
55 Ebenda, S. 90–92.
56 Jakob Wassermann, »Fragment über das Nationalgefühl«, *Lebensdienst*, Leipzig und Zürich 1928, S. 190.
57 Jakob Wassermann, *Mein Weg als Deutscher und Jude*, Berlin 1921, S. 76ff.
58 Jakob Wassermann, *Caspar Hauser*, Berlin 1980, S. 45, 62f.
59 Siegmund Bing, *Jakob Wassermann*, Berlin 1933, S. 82.
60 Wassermann, *Mein Weg als Deutscher und Jude*, S. 103.
61 Ebenda, S. 91.
62 Zwar lobte Zweig Ludwigs Goethe-Biographie, doch schien er Ludwig gelegentlich für zu seicht und übermäßig ästhetisierend gehalten zu haben. (Johanna Roden, »Stefan Zweig and Emil Ludwig«, in: Sonnenfeld, Hrsg., *Stefan Zweig*, S. 236–245).
63 Jakob Wassermann, »Rede über die Humanität« (1922), *Bekenntnisse und Begegnungen*, Bamberg 1959, S. 127.
64 Wassermann, »Fragment über das Nationalgefühl«, S. 120, 190.
65 Marta Karlweiß, *Jakob Wassermann*, Berlin 1933, S. 336.
66 Wassermann, *Mein Weg als Deutscher und Jude*, S. 116.

III. Intellektuelle Autorität und Gelehrsamkeit

1 Herbert Freeden, *Jüdisches Theater in Nazideutschland*, Tübingen 1964, S. 94f.
2 Friedrich Andrae, Hrsg., *Volksbücherei und Nationalsozialismus*, Wiesbaden 1970, S. 147.
3 George L. Mosse, *Towards the Final Solution: A History of European Racism*, New York 1978, Kap. 10.
4 Christoph Prignitz, *Vaterlandsliebe und Freiheit*, Wiesbaden 1981, S. 116.
5 Hans Kohn, *Martin Buber. Sein Werk und seine Zeit*, Köln 1961, S. 95.
6 Sidney M. Bolkosky, *The Distorted Image: German-Jewish Perceptions of Germans and Germany, 1918–1935*, New York 1975, S. 139.
7 Ebenda, S. 93; Samuel Meisels, *Goethe im Ghetto. Kleine Beiträge zu einem großen Thema*, Wien 1932, S. 29.

8 Albert Bielschowsky, *Goethe. Sein Leben und seine Werke*, Band 2, München 1913, S. 683.
9 Ebenda, Bd. 2, S. 369.
10 Ebenda, Bd. 1, S. X.
11 Wolfgang Goetz, *Fünfzig Jahre Goethe-Gesellschaft*, Weimar 1936, S. 13; *Mitglieder-Verzeichnis der Goethe-Gesellschaft*, Weimar 1926, *passim*. Die zahlenmäßige Überlegenheit der Juden innerhalb der Goetheforschung bildete eine Tatsache, über die sich Juden und Nazis einig waren; Unterschiede ergaben sich nur in den daraus gezogenen Schlußfolgerungen (Meisels, *Goethe im Ghetto*, S. 10–12; Franz Koch, »Goethe und die Juden«, *Erforschungen zur Judenfrage*, Band 2, Hamburg 1937, S. 118).
12 Albert Ludwig, *Schiller und die deutsche Nachwelt*, Berlin 1909, S. 109.
13 Karl Robert Mandelkow, Hrsg., *Goethe im Urteil seiner Kritiker*, Band 1, München 1977, S. 72.
14 Ebenda, S. 316–21.
15 Wolfgang Lepmann, *Goethe und die Deutschen*, Stuttgart 1962, S. 246.
16 Nehemia Anton Nobel, »Goethe. Sein Verhältnis zu Religion und Religionen«, *Bulletin des Leo Baeck Instituts*, Jg. 12, Nr. 48 (1969), S. 323, 326.
17 Berthold Auerbach, *Epilog zur Lessing-Feier*, Dresden 1850, S. 8f.
18 J. Riesser, »Widmung an Berthold Auerbach«, in: Gabriel Riesser, *Einige Worte über Lessings Denkmal*, Frankfurt/M. 1881. Hierbei handelt es sich um einen Nachdruck des ursprünglichen Aufrufs zur Errichtung eines Lessing-Denkmals von 1831.
19 George L. Mosse, *The Nationalization of the Masses*, New York 1975, Kap. 3.
20 George L. Mosse, *The Crisis of German Ideology*, New York 1964, S. 64f.; siehe auch Theodore Ziolkowski, »Der Hunger nach dem Mythos«, in: Reinhold Grimm und Jost Hermand, Hrsg., *Die sogenannten Zwanziger Jahre*, Bad Homburg 1970, S. 169–201.
21 Philip Rieff, *Freud: The Mind of the Moralist*, New York 1961, S. 263.
22 Sigmund Freud, *Die Traumdeutung*, in: Gesammelte Werke, Band 2 und 3, London 1975, S. 583.
23 Carl E. Schorske, *Fin-de-Siècle Vienna: Politics and Culture*, New York 1980, S. 187f.
24 Dennis B. Klein, *The Jewish Origins of the Psychoanalytic Movement*, New York 1981, S. 150f.
25 Rieff, *Freud*, S. 253.

26 Klein, *The Jewish Origins*, S. 141.
27 *Briefwechsel von Sigmund Freud und Arnold Zweig*, Ernst L. Freud Hrsg., Frankfurt/M. 1968, S. 37.
28 David James Fisher, »Sigmund Freud and Romain Rolland: The Terrestrial Animal and His Great Oceanic Friend«, *American Imago* 33 (Spring 1976), S. 1–59.
29 Emil Ludwig, *Der entzauberte Freud*, Zürich 1946, S. 18, 21.
30 George L. Mosse, *Nationalism and Sexuality. Respectability and Abnormal Sexuality in Modern Europe*, New York 1985, S. 39f.; dtsch.: *Nationalismus und Sexualität*, S. 52.
31 Felix Gilbert, »From Art History to the History of Civilization: Gombrich's Biography of Aby Warburg«, *Journal of Modern History*, 44 (September 1977), S. 385.
32 Gertrud Bing, »A. M. Warburg« (1965), in: Aby M. Warburg, *Ausgewählte Schriften und Würdigungen*, Hrsg. Dieter Wuttke, Baden-Baden 1979, S. 461.
33 E. H. Gombrich, *Aby Warburg: An Intellectual Biography*, London 1970, S. 308; dtsch.: *Aby Warburg: Eine intellektuelle Biographie*, Frankfurt/M. 1981, S. 345; Werner Kaegi, »Das Werk Aby Warburgs«, *Neue Schweizer Rundschau*, Jg. I (1933), S. 187.
34 Kaegi, »Das Werk Aby Warburgs«, S. 288.
35 Gombrich, *Aby Warburg*, S. 21; deutsche Ausgabe S. 27.
36 Bing, »A. M. Warburg«, S. 452.
37 Gertrud Bing, *Aby M. Warburg*, Hamburg 1958, S. 29; Peter Gay, »Weimar Culture«, in: Donald Fleming und Bernard Baylin, Hrsg., *The Intellectual Migration*, Cambridge, Mass. 1969, S. 39.
38 Hans Liebeschütz, »Aby Warburg (1866–1929) as Interpreter of Civilization«, *Yearbook XVI* (Leo Baeck Institute 1971), S. 229f.
39 Gombrich, *Aby Warburg*, S. 228; deutsche Ausgabe S. 293.
40 Ebenda, S. 13f.; deutsche Ausgabe S. 27.
41 Erwin Panofsky, *Meaning in the Visual Arts*, New York 1955, S. 15f., 19.
42 Erwin Panofsky, *Studies in Iconology: Humanistic Themes in the Art of the Renaissance*, New York 1962 (Erstveröffentlichung 1939), S. 229f.
43 David R. Lipton, *Ernst Cassirer: The Dilemma of a Liberal Intellectual in Germany, 1914–33*, Toronto 1978, S. 92f., 131.
44 Ernst Cassirer, *Critical Idealism as Philosophy of Culture*, zit. in: Maurizio Serra, »Sui miti e la crisi storica dell' umanesimo borghese negli anni trenta«, *Storia Contemporanea* 14 (Oktober 1983), S. 585.

45 Ernst Cassirer, *The Myth of the State*, New Haven 1946, dtsch.: *Der Mythos des Staates*, Hamburg 1949, S. 45 f.

46 Ebenda, S. 298.

IV. Die Linksintellektuellen

1 D. A. Prater, *European of Yesterday: A Biography of Stefan Zweig*, Oxford 1972, S. 308.

2 Stefan Zweig, *Briefe an Freunde*, Hrsg. Richard Friedenthal, Frankfurt/M. 1978, S. 132 f.

3 Istvan Deak, *Weimar Germany's Intellectuals*, Berkeley und Los Angeles 1968, S. 24–29.

4 Ebenda, S. 24.

5 George L. Mosse, »German Socialists and the Jewish Question in the Weimar Republic«, *Masses and Man*, New York 1980, Kap. 15.

6 Ernst Bloch, *Auswahl aus seinen Schriften*, Frankfurt/M. 1967, S. 158.

7 Andrew Arato und Paul Breines, *The Young Lukacs and the Origins of Western Marxism*, New York 1979, S. 214 f.

8 Martin Jay, *The Dialectical Imagination: A History of the Frankfurt School and the Institute of Social Research, 1923–1950*, Boston 1973, S. 34; dtsch.: *Dialektische Phantasie. Die Geschichte der Frankfurter Schule und des Instituts für Sozialforschung 1923–1950*, Frankfurt/M. 1981, S. 76; Russell Jacoby, »Marxism and the Critical School«, *Theory and Society* I (1974), S. 231–238.

9 Arato und Breines, *The Young Lukacs*, S. 138.

10 Max Horkheimer und Theodor W. Adorno, *Dialektik der Aufklärung*, Amsterdam 1947, S. 53.

11 Ebenda, S. 63.

12 Barry Katz, *Herbert Marcuse and the Art of Liberation*, London 1982, S. 100.

13 Max Horkheimer und Theodor W. Adorno, *Dialektik der Aufklärung*, S. 268.

14 Jay, *The Dialectical Imagination*, S. 33; deutsche Ausgabe S. 77.

15 Deak, *Weimar Germany's Intellectuals*, S. 29.

16 Arato und Breines, *The Young Lukacs*, S. 212.

17 Ebenda, S. 224.

18 Paul Breines, »Marcuse and the New Left in America«, in: Jürgen Habermas, Hrsg., *Antworten auf Herbert Marcuse*, Frankfurt/M. 1968, S. 146.

19 Herbert Marcuse, *One-Dimensional Man: Studies in the Ideology of Advanced Industrial Society*, Boston 1964, S. 57; dtsch.: *Der eindimensionale Mensch*, zuletzt Darmstadt 1984.
20 Herbert Marcuse, *Kultur und Gesellschaft*, Band 1, Frankfurt/M. 1971, S. 45.
21 Jürgen Habermas, *Philosophisch-politische Profile*, Frankfurt/M. 1971, S. 45.
22 George L. Mosse, *Germans and Jews*, New York 1970, S. 179 f.
23 Alfred Enseling, *Die Weltbühne*, Münster 1962, S. 94.
24 Ebenda, S. 185 f.
25 Leonhard Frank, *Der Mensch ist gut*, Potsdam 1919, S. 74.
26 Thomas E. Willey, *Back to Kant*, Detroit 1978, S. 104; Kurt Eisner, *Die halbe Macht den Räten*, Hrsg. Renate und Gerhard Schmolze, Köln 1969, *passim*.
27 Mosse, *Germans and Jews*, Kap. 7.
28 Walter Benjamin an Ludwig Strauss, 11. September 1912. Jewish National and University Library, Jerusalem, Archives Ms. Var. 424, 196/9, S. 2 f.
29 Walter Benjamin an Ludwig Strauss, 7. Januar 1913. Jewish National and University Library, Jerusalem, Archives Ms. Var. 424, 196/9, S. 3.
30 Jay, *The Dialectical Imagination*, S. 198; deutsche Ausgabe S. 241 f.
31 Ebenda, S. 201; deutsche Ausgabe S. 238.
32 Gershom Scholem, *Walter Benjamin – die Geschichte einer Freundschaft*, Frankfurt/M. 1975, S. 173.
33 Robert Weltsch, »Deutscher Zionismus in der Rückschau«, *An der Wende des modernen Judentums*, Tübingen 1972, S. 53.
34 Mosse, *Masses and Man*, S. 294.
35 Istvan Deak, *Weimar Germany's Left-Wing Intellectuals*, S. 183 f.
36 George Lichtheim, *Lukacs*, London 1970, besonders Kap. 5.
37 Etwa T. W. Adorno, »Scientific Experiences of a European Scholar in America«, in: Donald Fleming und Bernard Baylin, Hrsg., *The Intellectual Migration*, Cambridge 1969, S. 340ff.
38 George L. Mosse, *Towards the Final Solution*, New York 1978, S. 178 f.
39 Marjorie Lamberti, *Jewish Activism in Imperial Germany*, New Haven, Conn. 1978, S. 25 ff.
40 Jakob Wassermann, *Mein Weg als Deutscher und Jude*, Berlin 1921, S. 115 f.
41 George L. Mosse, »Jewish Emancipation between *Bildung und Sittlichkeit*«, in: Jehuda Reinharz und Walter Schatzberg, Hrsg., *The Jewish Response to German Culture*, Hanover, New Hampshire 1985.
42 Ismar Schorsch, »Art as Social History: Oppenheim and the Ger-

man-Jewish Vision of Emancipation«, *Moritz Oppenheim. The First Jewish Painter* (Israel Museum, Jerusalem 1983), *passim*. Die jüdischen Jünger des Dichters Stefan George fochten ebenfalls die Respektabilität der deutschen Juden an, indem sie das humanitär geprägte Aufklärungsdenken zugunsten einer emotionalen, wenn auch disziplinierten, poetischen Weltsicht aufgaben. Dies hat Hans Liebeschütz auf einigen wenigen Seiten brillant eingefangen: »Ernst Kantorowicz and the George Circle«, *Yearbook IX* (Leo Baeck Institute 1964), S. 345–347. Diese Bewegung überlebte den Nationalsozialismus in Deutschland nicht.

43 Maurizio Serra liefert eine faszinierende Darstellung der Kontroverse um die Tyrannei der Geschichte über das menschliche Denken während der 30er Jahre in »Sui miti fascisti e la crisi storica dell'umanesimo borghese negli anni trenta«, *Storia Contemporanea 14* (Oktober 1983), S. 577–603.

V. Ende und möglicher Neubeginn

1 Uwe Dietrich Adam, *Judenpolitik im Dritten Reich*, Düsseldorf 1972, S. 125, Anm. 63.

2 Michael H. Kater, »Erkenntnisstreben oder Obskurantismus? Kritisches über neuere Literatur zur Sozialgeschichte Deutschlands seit 1879«, *Archiv für Sozialgeschichte* 21 (1981), S. 575.

3 Alfred Kerr, »Die Diktatur des Hausknechts«, in: *Die Welt im Licht*, Friedrich Luft, Hrsg., Köln und Berlin 1961, S. 385.

4 Caesar Seligmann, *Festpredigt zur Jahrhundertfeier des Philantrophin*, 16. April 1904, Hamburg ohne Datum, S. 4.

5 Ebenda, S. 3.

6 Ebenda, S. 5.

7 Michael Meyer, »Caesar Seligmann and the Development of Liberal Judaism in Germany at the Beginning of the Twentieth Century«, *Hebrew Union College Annual*, Band 40–41 (1969–70), S. 543.

8 Hans Kohn, »Zionism Is Not Judaism«, Neudruck in: Paul R. Mendes-Flohr, Hrsg., *A Land of Two Peoples: Martin Buber on Jews and Arabs*, Oxford 1983, S. 97.

9 Martin Buber, »And If Not Now, When?« (Juli 1932), Neudruck in: Mendes-Flohr, Hrsg., *A Land of Two Peoples*, S. 104.

10 *Jüdische Rundschau*, Nr. 59 (25. Juli 1933), S. 365.

11 Jehuda Reinharz, »Martin Buber's Impact on German Zionism before World War I«, *Studies in Zionism*, Nr. 6 (Herbst 1982), S. 182.

12 Ebenda, S. 183.

13 Hans Kohn, *Living in a World Revolution*, New York 1964, S. 48.
14 Samson Raphael Hirsch, »Worte bei der Schulfeier der Unterrichtsanstalt der Israelitischen Religionsgemeinschaft zu Frankfurt am Main, den 9. November 1859, am Vorabend der Schillerfeier« (Frankfurt/M. 1905), S. 5, 11.
15 Julias Bab, »Kulturbund Deutscher Juden«, *Der Schild 12* (14. September 1933), S. 148.
16 Eine Schilderung des Kulturbunds aus nationalsozialistischer Sicht findet sich in Hans Hinkel, Hrsg., *Judenviertel Europas*, Berlin 1939, S. 12–14.
17 Reichskulturwalter Hinkel an die *Nationalsozialistische Partei-Korrespondenz*, zitiert in der *Frankfurter Zeitung*, Nr. 129/40 (13. Mai 1937), Jüdischer Kulturbund, *Spielplan für Frankfurt am Main* (1936). Wiener Library, Tel Aviv, Jüdischer Kulturbund, Box 4. Eine Beschreibung der Laufbahn Hans Hinkels, der schließlich maßgeblich an der Deportation von Juden aus Berlin und Wien beteiligt war, findet sich in Willi A. Boelcke, Hrsg., *Kriegspropaganda 1939–1941. Geheime Ministerkonferenzen im Reichspropagandaministerium*, Stuttgart 1966, S. 85–88. Ich verdanke diesen Hinweis Alan E. Steinweis.
18 Brief an das Propaganda-Amt, Kreisleitung I, Gauleitung NSDAP Berlin, an Propagandaleiter Hicketier, 19. November 1934. Wiener Library, Tel Aviv, Jüdischer Kulturbund, Box 1.
19 Z. B. Hinkel, Hrsg., *Judenviertel Europas*, S. 14.
20 Zum Hintergrund des Nazi-Theaters siehe Boguslaw Drewniak, *Das Theater im NS-Staat. Szenarium deutscher Zeitgeschichte 1933–1945*, Düsseldorf 1984.
21 »Zur Kulturbund-Tagung«, *Jüdische Rundschau*, Nr. 43 (11. April 1936).
22 Walter Perl, »Jettchen Gebert«, 11. Juni 1935. Wiener Library, Tel Aviv, Jüdischer Kulturbund, Box 3. Der Roman wurde im selben Jahr als Theaterstück aufgeführt.
23 »Gegenwart und Zukunft der jüdischen Literatur«, *Der Morgen* 12 (September 1936), S. 260. Ich verdanke diesen Hinweis Itta Shedletzky.
24 *Israelitisches Familienblatt* (10. September 1936).
25 Marion Kaplan, *The Jewish Feminist Movement in Germany*, Westport, Conn. 1979, S. 205; dtsch.: *Die jüdische Frauenbewegung in Deutschland*, Hamburg 1981, S. 333.
26 »Zur Kulturbund-Tagung«, *Jüdische Rundschau*, Nr. 43 (11. April 1936).
27 Ismar Schorsch, »Art as Social History: Oppenheim and the German Jewish Vision of Emancipation«, *Moritz Oppenheim. The First Jewish Painter* (Israel Museum, Jerusalem 1983), S. 51.

28 Herbert Freeden, *Jüdisches Theater in Nazideutschland*, Tübingen 1964, S. 94 f.
29 *Der Morgen 11* (April 1935), S. 21.
30 *Verkaufskatalog 1940*, Jüdischer Kulturbund, *passim*.
31 I. Herzberg, *Moses Mendelssohn. Ein Lebensbild für die israelitische Jugend*, Leipzig 1929, S. 84, 90.

Personenregister

Das Personenregister enthält nur Namen,
die im Haupttext erwähnt werden (Seiten 19–125).